Liebe Schülerinnen, liebe Schüler!

Dieses Rechtschreibheft will euch helfen eure Leistungen in der Rechtschreibung zu verbessern. Wenn ihr mit Ausdauer regelmäßig übt, lernt ihr, wie die Wörter richtig geschrieben werden.

Ihr lernt die Rechtschreibung:

- wenn ihr die Wörter mitsprecht. ▶ **Mitsprechwörter** ▶
- wenn ihr euch die Wörter merkt. ▶ **Merkwörter** ▶ !
- wenn ihr über die Schreibweise von Wörtern nachdenkt. ▶ **Nachdenkwörter** ▶ R

Die Zeichen für die drei Wortgruppen sind im Arbeitsheft oben auf jeder Seite zu sehen.
Beim Lesen und Schreiben im ersten Schuljahr habt ihr gelernt alle Wörter deutlich zu sprechen und genau hinzuhören. So habt ihr allmählich die einzelnen Laute heraushören können. Ihr habt gelernt, wie die Laute geschrieben werden.
Das Mitsprechen und genaue Hinhören ist immer noch sehr wichtig und wird deshalb auch in diesem Arbeitsheft besonders geübt. Da ihr in Silben sprecht, stellt das Zeichen für **Mitsprechwörter** zwei **Silbenbögen** dar.
Die meisten Wörter müsst ihr noch auswendig lernen. Diese **Merkwörter** erhalten als Zeichen ein **Ausrufezeichen**.
Viele Wörter werdet ihr allmählich auch richtig schreiben können, wenn ihr Rechtschreibregeln kennt. Dann werden viele Merkwörter zu Nachdenkwörtern. Die **Nachdenkwörter** erhalten als Symbol ein **R**.

- Ihr müsst nachdenken, ob zum Beispiel ein Wort verlängert werden muss, damit ihr den Endlaut d oder t hören könnt.
- Ihr müsst nachdenken, ob zum Beispiel die Mehrzahl eines Wortes gebildet werden muss, damit ihr wisst, ob das Wort mit ä oder e (äu oder eu) geschrieben wird.
- Ihr müsst nachdenken, ob zum Beispiel „Fahrt“ den gleichen Wortstamm wie „fahren“ hat und deshalb mit h geschrieben werden muss.

Viele Rechtschreibregeln werdet ihr in dem Arbeitsheft einüben. Damit euch die Arbeit Freude macht, findet ihr in jeder Lerneinheit kleine Texte, Rätsel, Reime und Spiele mit Wörtern.

Trolli – der Spaßmacher – **begleitet euch** durch das Arbeitsheft und gibt euch viele gute Ratschläge.

Hinten im Arbeitsheft findet ihr für viele Übungen die Lösungen, damit ihr euer Arbeitsergebnis selbstständig überprüfen könnt. Schaut aber erst nach, wenn ihr eure Arbeit beendet habt. Auch im Wörterverzeichnis hinten auf den letzten Seiten oder in eurem Wörterbuch könnt ihr eure Rechtschreibung vergleichen.
Am Ende einer jeden Lerneinheit könnt ihr eure Rechtschreibsicherheit selber prüfen.
Für jede Lerneinheit findet ihr drei **Diktattexte** in der **Diktatsammlung**. Wählt eins der drei Diktate aus und lasst es euch von einem Partner, einem Elternteil oder eurem Lehrer diktieren. Dann vergleicht ihr euren Text mit dem Diktat, sucht die Fehler und berichtigt sie.
Nun erst gebt ihr den Text eurem Lehrer oder eurer Lehrerin zur endgültigen Kontrolle.

Merke!

- **Tunwort** heißt auch Tuwort, Tätigkeitswort, Zeitwort oder **Verb**.
- **Namenwort** heißt auch Hauptwort, Substantiv oder **Nomen**.
- **Wiewort** heißt auch Eigenschaftswort, Artwort oder **Adjektiv**.

Nun viel Spaß und guten Erfolg
wünscht euch euer Autor

Edmund Wetter

Wörter in Silben gliedern / Silben zu Wörtern zusammensetzen

Wir spielen

Tim, Anja, Laura und Felix gehen in eine Klasse.
Nun sind sie auf dem Heimweg.
Tim fragt: „Wollt ihr mich heute besuchen, damit wir zusammen spielen können? Meine Eltern sind einverstanden.“
Anja meint: „Das ist prima. Ich bringe meine Kasperpuppen mit.“
Laura und Felix überlegen, was sie mitbringen können.
Die Kinder freuen sich auf einen gemeinsamen Nachmittag.

1. Lies den Text aufmerksam. Was planen die Kinder? Erzähle!

2. Beantworte die folgenden Fragen.

▶ Wie heißen die Kinder, die sich für den Nachmittag verabreden?

▶ Welche Spielsachen will Anja mitbringen?

▶ Was würdest du mitnehmen?

▶ Kennst du Spiele, zu denen du kein Spielzeug brauchst? Welche?

Silbenbögen

3. In dem Text findest du Wörter, die aus mehreren Silben bestehen. Zeichne die Silbenbögen.

4. Schreibe die Wörter, die aus mehr als zwei Silben bestehen, in dein Heft.

Wörter in Silben gliedern / Silben zu Wörtern zusammensetzen

Spielsachen im Kinderzimmer

1. Welches Spielzeug erkennst du auf Seite 2 in dem Kinderzimmer?
Schreibe die Namen für die Spielsachen auf.
Die Tafel mit den Silben hilft dir. Zeichne die Silbenbögen.

Silbentafel

Bau	seil	flie	Ei	dy
Kas	klöt	ball	Ted	sen
Spring	per	ze	ger	bahn
Fe	der	pup	pen	bär
Pa	pier	Stoff	re	tie

die Stoff tie re

____

____

____

Wir spielen

__________, __________, __________ und __________

gehen in eine __________.

Nun sind sie auf dem __________. __________ fragt:

„Wollt ihr mich heute besuchen, damit wir zusammen spielen können?

Meine __________ sind einverstanden.“ __________ meint:

„Das ist prima. Ich bringe meine __________ mit.“

__________ und __________ überlegen, was sie mitbringen können.

Die __________ freuen sich auf einen gemeinsamen __________.

2. Hier fehlen die Namenwörter. Lass sie dir diktieren und trage sie in den Text ein.
Kontrolliere mit dem Text auf Seite 2 oben.

2. Wer ist dort?

Wörter aus Silben zusammensetzen

Wer ist dort?

Klingelingeling, wer kennt den Ton?
Ach, das ist das Telefon.
„Hier ist Peter, wer ist dort?
Mein Papa ist leider fort.
Doch heute Mittag um halb vier
ist mein Vati wieder hier.
Bitte schön Herr Klingelmann,
rufen Sie doch wieder an!“ *Werner Halle*

1. Lies den Text aufmerksam, damit du ihn deiner Klasse gut vorlesen kannst. Telefonierst du gerne? Hast du schon mal etwas besonders Witziges beim Telefonieren erlebt? Erzähle!
2. Wie verhältst du dich, wenn ein Fremder anruft und nach deinen Eltern fragt?
3. Unterstreiche die folgenden Wörter oben in dem Text.

Telefon	***Telefon***	***Te – le – fon***
Telefon		
Peter		
Papa		
leider		
heute		
Mittag		
Vati		
wieder		
bitte		
rufen		

4. Schreibe das Wort in Schreibschrift auf. Schreibe es dann nach Silben getrennt daneben.

Wörter aus Silben zusammensetzen

Wörter bestehen aus Silben

Ap	**Ba**	**Ga**	**Te**	**To**	**Lö**	**Lei**	**E**	**E**	**La**					
na	ne	ne	fel	bel	we	ma	ter	te	ter	sel	le	fant	le	fon

1. Setze die Silben zu Wörtern zusammen. Schreibe die Wörter unter die passenden Bilder. Überprüfe deine Rechtschreibung mit dem Wörterbuch.

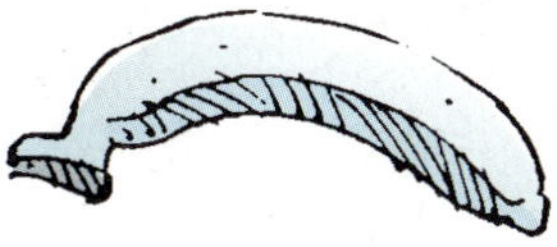

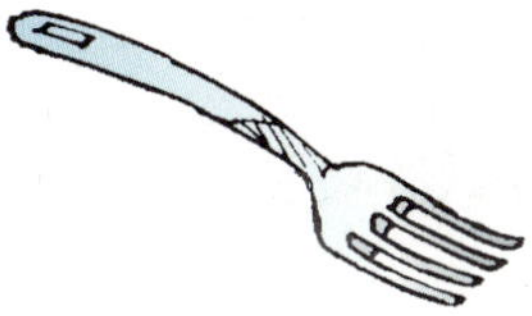

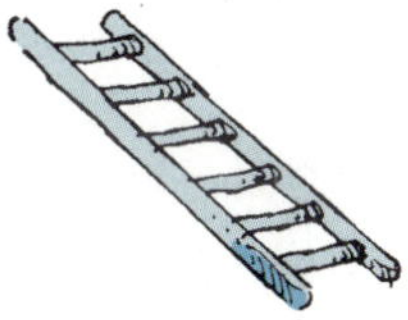

2. Ordne die Wörter unten in die Tabelle ein. Schreibe die Einzahl und die Mehrzahl. Überprüfe deine Rechtschreibung auch bei den Mehrzahlwörtern mit dem Wörterbuch.

Wörter mit zwei Silben	
Einzahl	Mehrzahl

Wörter mit drei Silben	
Einzahl	Mehrzahl

2. Wer ist dort?

Wörter aus Silben zusammensetzen

Merke!

Manche Wörter haben nur eine Silbe. Beispiel: Ball
Manche Wörter haben zwei Silben. Beispiel: Bir – ne
Manche Wörter haben drei oder auch mehr Silben.
Beispiel: Zit – ro – ne, Au – to – rei – fen

Wie viele Silben hat das Wort?

1. Sprich zu jedem Bild das Wort und entscheide, ob es aus zwei oder drei Silben besteht. Ordne das Wort in die Tabelle ein. Zeichne die Silbenbögen.
2. Überprüfe deine Rechtschreibung mit dem Wörterbuch. Trage in die letzte Spalte ein, auf welcher Seite im Wörterbuch du das Wort gefunden hast.

Wörter mit zwei Silben	Seite	Wörter mit drei Silben	Seite

Wörter aus Silben zusammensetzen

Das Wörterbuch hilft

1. Sieh dir die Bilder genau an. Was zeigen sie? Suche das Wort im Wörterbuch.
2. Schreibe das Wort mit Begleiter auf. Schreibe dann die Mehrzahl mit Begleiter dazu. Trage in die letzte Spalte ein, auf welcher Seite du das Wort im Wörterbuch gefunden hast.
3. Zeichne die Silbenbögen ein.

Bild	Einzahl	Mehrzahl	Seite

Wer ist dort?

Klingelingeling, wer ___ den ___?

Ach, das ___ das ___.

„Hier ist ___, ___ ist ___?

Mein ___ ist ___ ___.

Doch ___ ___ um halb ___

ist ___ ___ wieder ___.

Bitte ___ ___ Klingelmann,

___ Sie doch ___ an!“

4. In dem Text fehlen einige Wörter. Trage die fehlenden Wörter in die Lücken ein. Du findest sie in dem Text zu Beginn dieser Lerneinheit (Seite 4).

Wörter mit G und g / Wörter mit K und k

Kamils Einladung

Kamil fragt Gert: „Kannst du kommen?“
Er fragt Kati und Kerstin:
„Könnt ihr kommen?“
Er legt Günther eine Karte hin und
sagt: „Kommst du auch?“
Die Kinder stehen um Kamil herum
und fragen:
„Wohin sollen wir denn kommen?“
Kamil lacht: „Na, zu mir.
Ich habe doch heute Geburtstag.“

1. Lies den Text aufmerksam. Warum verstehen die Kinder ihren Freund nicht? Erzähle!

2. Beantworte die folgenden Fragen.

Wen will Kamil einladen?

Warum will Kamil einladen?

3. Einige Namen beginnen mit **G**. Schreibe sie auf.

4. Einige Namen beginnen mit **K**. Schreibe sie auf.

5. Kennst du noch mehr Namen, die mit **G** oder **K** beginnen? Schreibe sie auf.

6. Setze **G** oder **K** ein. Kontrolliere mit dem Wörterbuch.
7. Schreibe die Wörter in dein Heft.

 ___ras  ___äfer  ___abel

 ___atze  ___las  ___opf

 ___eld  ___orb  ___uh

Wörter mit G und g / Wörter mit K und k

Wörter mit G und g	Schreibe die fehlenden Buchstaben in die Wortlücken.	Schreibe die Wörter mit Begleiter.
	das **G**eschenk	das Geschenk
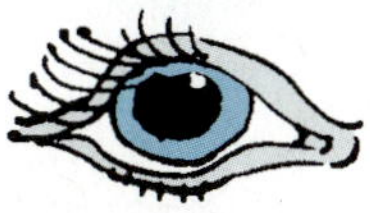	das Au___e	
	die ___abel	
	der Zei___efin___er	
	der Wa___en	
	die Sä___e	
	der ___arten	
	das Se___elboot	
	der Na___el	
	die ___urke	
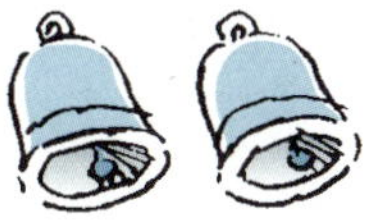	die ___locken	
	der Vo___el	
	die Wie___e	

3. Kamils Einladung

Wörter mit G und g / Wörter mit K und k

Wörter mit K und k	Schreibe die fehlenden Buchstaben in die Wortlücken.	Schreibe die Wörter mit Begleiter.
	der **K**äfer	der Käfer
	das ___amel	
	der ___nopf	
	der Len___er	
	die Schran___e	
	das ___ind	
	die Wol___e	
	die Schau___el	
	der ___amm	
	der ___offer	
	die ___irche	
	der ___äse	
	die Bän___e	

Wörter mit G und g / Wörter mit K und k

Hier fehlen die Tunwörter

1. Schreibe die fehlenden Tunwörter in die Satzlücken.
   Die folgenden Wörter helfen dir: **fangen, fliegen, fragen, liegen, blinken, schenken, danken, winken**.

- Karin will den Polizisten nach dem Weg ____________________.
- Die Kinder ____________________ ihrer Mutter einen Blumenstrauß.
- Die Urlauber ____________________ am Strand in der Sonne.
- Die Autofahrer müssen ____________________, wenn sie nach rechts oder links abbiegen wollen.
- Die Zugvögel ____________________ im Herbst in wärmere Länder.
- Die Schulkinder ____________________ ihrem Lehrer für die schöne Klassenfahrt.
- Mit ihrer klebrigen Zunge ____________________ die Frösche Mücken.
- Die Großeltern ____________________ zum Abschied aus dem Zugfenster.

Kamils Einladung

____amil fra____t ____ert: „____annst du ____ommen?“

Er fra____t ____ati und ____erstin:

„____önnt ihr ____ommen?“

Er le____t ____ünther eine ____arte hin und sa____t:

„____ommst du auch?“

Die ____inder stehen um ____amil herum und fra____en:

„Wohin sollen wir denn ____ommen?“

____amil lacht: „Na, zu mir. Ich habe doch heute ____eburtstag.“

2. Trage die fehlenden Buchstaben in die Wortlücken ein. (G oder g, K oder k)
   Vergleiche mit dem Text am Anfang dieser Lerneinheit (Seite 8).

Wörter mit D und d / Wörter mit T und t

Der bunte Drachen

Hui, was für ein Wind.
Tim lässt seinen Drachen steigen. Er steigt höher als das Haus. Er steigt höher als der Turm der Kirche. Er steigt hoch hinauf in die Wolken.
Seine kleine Schwester Tina ruft staunend:
„Sieh nur, sein buntes Gesicht wird ganz klein.“ „Du hast Recht“, meint Tim, „die blauen Augen, die rote Nase, der breite Mund sind kaum noch zu sehen.“
Der lange Schwanz mit den bunten Papierschleifen flattert lustig im Wind hin und her.

1. Hast du schon einmal einen Drachen steigen lassen? Erzähle! Male Tims Drachen.

2. Beantworte die folgenden Fragen.

Wie heißen die beiden Geschwister?

Wie hoch steigt der Drachen?

Wie sieht das Gesicht des Drachens aus?

Wörter mit D oder T am Wortanfang

3. Ergänze D oder T. Sprich das Wort deutlich, dann kannst du den Anfangslaut hören.

 der ___rachen
 der ___urm
 die ___asche

 das ___elefon
 die ___ose
 der ___isch

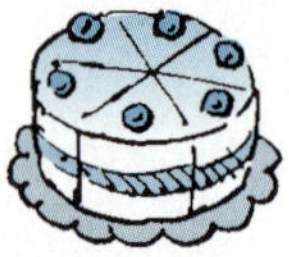 die ___or___e
 die ___asse
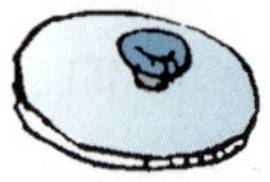 der ___eckel

 das ___ach
 der ___elfin
 der ___aumen

4. Schreibe die Wörter in dein Heft. Kontrolliere mit dem Wörterbuch.

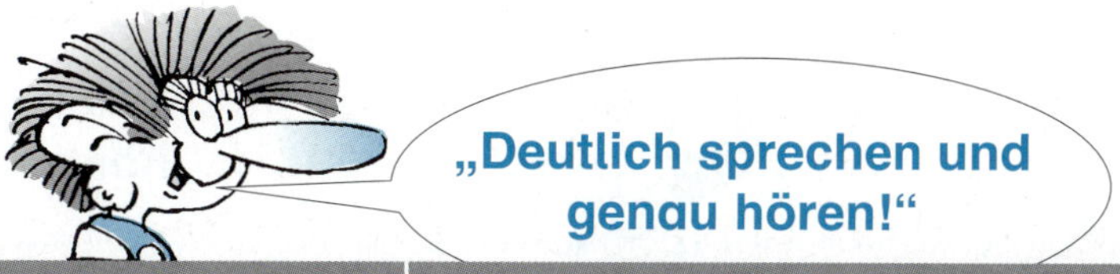

Wörter mit D und d	Schreibe die fehlenden Buchstaben in die Wortlücken.	Schreibe die Wörter mit Begleiter.
	der **D**aumen	der Daumen
	der ___ampfer	
	die Na___del	
	das Ra___io	
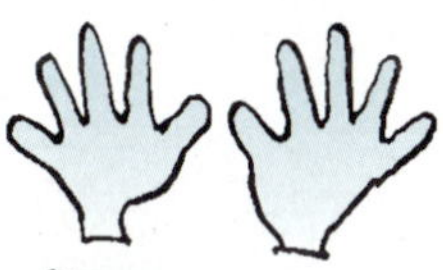	die Hän___e	
	das Ru___erboot	
	die Schokola___e	
	der ___ackel	
	der ___rache	
	die Fe___er	
	der ___ieb	
	der ___olch	

4. Der bunte Drachen

Wörter mit D und d / Wörter mit T und t

Wörter mit T und t	Schreibe die fehlenden Buchstaben in die Wortlücken.	Schreibe die Wörter mit Begleiter.
	das **T**elefon	das Telefon
	die ___asche	
	die ___or___e	
	die ___oma___e	
	der ___iger	
	die Lei___er	
	die Zi___rone	
	die ___asse	
	die ___anne	
	die ___afel	
	der ___eddy	
	die Kas___anie	

5. Der bunte Drachen

Wörter mit D und d / Wörter mit T und t

1. Schreibe die passenden Tunwörter in die Satzlücken. Diese Wörter helfen dir:
senden, reden, baden, arbeiten, warten, brüten.

- Die Kinder ______________________ sich gegenseitig eine SMS.
- Die Schüler ______________________ aufgeregt durcheinander.
- Viele Leute ______________________ an der Bushaltestelle.
- An diesem schönen Tag ______________________ die Eltern im Garten.
- Bald können wir wieder im Freibad ______________________.
- Im Frühling ______________________ die Vögel in ihren Nestern.

Der bunte Drachen

Hui, was für ein Win___.

___im läss___ seinen ___rachen s___eigen.

Er s___eig___ höher als ___as Haus.

Er s___eig___ höher als ___er ___urm der Kirche.

Er s___eig___ hoch hinauf in ___ie Wolken.

Seine kleine Schwes___er ___ina ruf___ s___aunen___:

„Sieh nur, sein bun___es Gesich___ wir___ ganz klein.“

„___u has___ Rech___“, mein___ ___im,

„___ie blauen Augen, ___ie ro___e Nase, ___er brei___e

Mun___ sin___ kaum noch zu sehen.“

___er lange Schwanz mi___ ___en bun___en Papierschleifen

fla___ ___er___ lus___ig im Win___ hin und her.

2. Lass dir den Text diktieren und trage die fehlenden Buchstaben in die Wortlücken ein (**D** oder **d**, **T** oder **t**). Vergleiche mit dem Text am Anfang dieser Lerneinheit (Seite 12).

5. Das Postauto

Wörter mit B und b / Wörter mit P und p

Das Postauto

Peter erzählt seinem Lehrer:
„Mein Vater hat sich ein neues Auto gekauft, über das er sich jetzt fürchterlich ärgert.“
Der Lehrer kann das nicht verstehen.
„Ich würde mich über ein neues Auto freuen“, meint er.
Peter erklärt: „Das Auto ist genauso gel**b** wie ein **P**ostauto. Es sieht auch so aus. Immer, wenn mein Vater anhält und das Fenster offen steht, werfen ihm die Leute ihre **B**riefe ins Auto. Das Auto ist doch kein **B**riefkasten.“

1. Wie kommt es, dass die Leute dem Vater ihre Briefe ins Auto werfen? Erzähle!

2. In dem Text werden einige Wörter mit **B/b** oder mit **P/p** geschrieben. Schreibe sie auf!

Wörter mit B oder P am Wortanfang

___uppe

___all

___apagei

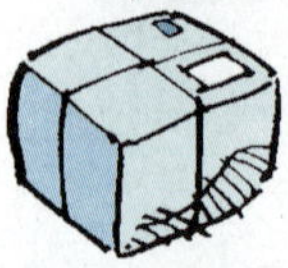
___aket

___rief

___aum

___ilz

___insel

3. Trage den fehlenden Buchstaben in die Wortlücke ein. Schreibe das Wort in die Linie. Kontrolliere mit dem Wörterbuch.

Wörter mit B und b / Wörter mit P und p

Wörter mit B und b

1. Die folgenden Wörter beginnen alle mit dem gleichen Anfangsbuchstaben. Trage den fehlenden Buchstaben in die Wortlücken ein.

___rief, ___rot, ___all, ___aum, ___lume, ___latt, ___uch,

___irne, ___ein, ___ank, ___ild, ___ett, ___us, ___erg

2. Schreibe die Wörter in der Reihenfolge der Bilder auf.

3. Setze die Silben zusammen und schreibe die Namenwörter in die Linien.

Schwal-, Tau-, Far-, Trau-, Kna-, Schrau- → be

Ne-, Sä-, Kur-, Ga-, Schna-, Zwie- → bel

Wörter mit B und b / Wörter mit P und p

Wörter mit P und p	Schreibe die fehlenden Buchstaben in die Wortlücken.	Schreibe die Wörter mit Begleiter.
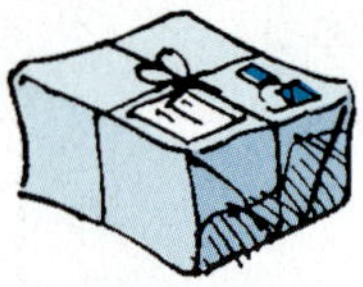	das **P**aket	das Paket
	die Knos___e	
	die Lu___e	
	der ___a___agei	
	der ___antoffel	
	der Sta___el	
	die Rau___e	
	die ___alme	
	der ___anter	

1. Male über das **P** und **p** einen roten Klecks.

Das Postauto

- [ ] Wenn mein Vater anhält, werfen ihm nämlich die Leute ihre Briefe ins Auto.
- [ ] Mein Vater hat sich ein neues Auto gekauft.
- [ ] Nun ärgert sich mein Vater fürchterlich über sein neues Auto.
- [ ] Das Auto ist doch kein Briefkasten.
- [ ] Das Auto ist genauso gelb wie ein Postauto.

2. Nummeriere die Sätze in der richtigen Reihenfolge. Schreibe sie dann richtig in dein Heft.

Zuordnen von Laut und Buchstabe (Anlaute)

A ist der **A**ffe,
er isst mit der Pfote.

B ist der **B**äcker,
er backt braune Brote.

C ist **C**harlotte,
sie trinkt süßen Tee.

D ist der **D**ieb,
er stiehlt Äpfel – o weh!

E ist der **E**sel,
er schreit manchmal sehr.

F ist der **F**ischer,
er fängt Fische im Meer.

G ist die **G**eiß,
sie frisst auf dem Feld.

H ist der **H**elm,
ein Hut für den Held.

I ist der **I**ndianer,
er hat großen Mut.

J ist **J**ohanna,
ihr Obst schmeckt so gut.

K ist der **K**aufmann,
er fährt um die Welt.

L ist der **L**andmann,
der die Felder bestellt.

M ist die **M**ühle,
sie dreht sich im Wind.

N ist das **N**est,
für das Vogelkind.

O ist der **O**tter,
der Fische gern mag.

P ist der **P**apagei,
er sagt „Guten Tag!“

Q ist die **Q**uelle,
sie sprudelt bergab.

R ist die **R**eise,
wir fahren im Trab.

S ist der **S**eemann,
sein Name ist Pit.

T ist die **T**ante,
sie bringt dir was mit.

U ist der **U**hu,
er schaut in die Ferne.

V ist der **V**etter,
er trommelt so gerne.

W ist das **W**asser,
es ist blau und tief.

X ist der **X**aver,
er schreibt einen Brief.

Y ist der **Y**ak,
ein seltenes Tier.

Z ist der **Z**irkus,
er spielt heute hier.

„A ist der Affe“
von Max Velthuijs

1. Schreibe in die Perlen die großen Buchstaben des Alphabetes.

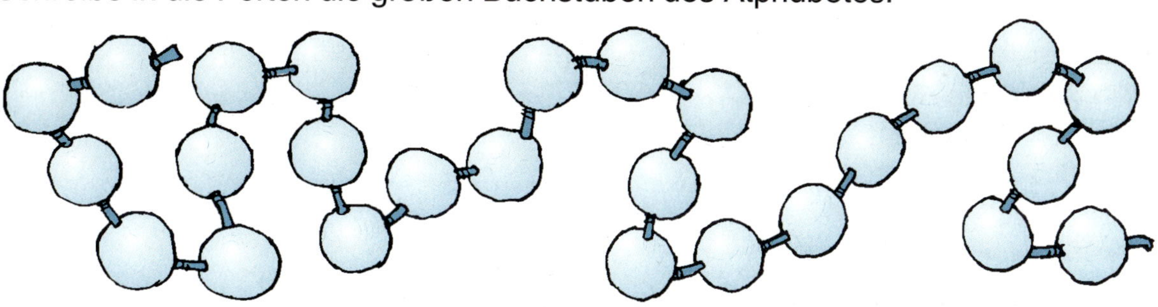

Namenwörter nach dem Alphabet ordnen

Tiernamen nach dem ABC ordnen

1. Schreibe den Tiernamen unter das Bild. Sprich das Wort so deutlich, dass du die einzelnen Laute hören kannst. Schau nun im Wörterbuch nach, ob du richtig geschrieben hast.
2. Ordne die Namen von oben nach dem ABC. Schreibe sie an die richtige Stelle in der folgenden Namenliste.

Chamäleon

Dinosaurier

Jaguar

Laus

Mücke

Ochse

Pony

Qualle

Ratte

Uhu

Vogel

Wespe

X

Yak

Namenwörter nach dem Alphabet ordnen

Namen für Obst und Gemüse nach dem ABC ordnen

Einkaufszettel:

Pflaume	Zitrone	Apfel
Mango	Tomate	Quitte
Walnuss	Dattel	Kirsche
Rettich	Salat	Erbse
Birne	Nuss	Gurke
Fenchel	Oliven	

1. Ordne die Wörter auf dem Einkaufszettel nach dem ABC.

A

B

C

D

E

F

G

H

I

J

K

L

M

N

O

P

Q

R

S

T

U

V

W

X

Y

Z

2. Einige Buchstaben bleiben übrig. Schreibe zu diesen Buchstaben ein Wort, das mit dem entsprechenden Laut beginnt. Schau im Wörterbuch nach.

3. Ordne auch die folgenden Wörter nach dem ABC:
Engel, Haus, Perle, Radio, Maus, Koffer, Dach, Angel, Ball, Wagen, Saft, Tafel.

6. A-B-C-Gedicht

Namenwörter nach dem Alphabet ordnen

Merke!

Alle Menschen, Tiere, Pflanzen und Dinge haben Namen. Namenwörter werden großgeschrieben.

Namen nach dem Alphabet ordnen

Merke!

Wenn mehrere Wörter mit dem gleichen Buchstaben beginnen, musst du auf den zweiten Buchstaben achten. Diese Wörter werden dann nach dem zweiten Buchstaben geordnet.

So wird geordnet:

Hans, Helga, Horst, Laura, Lena, Lorenz, Tim, Tom, Trolli

1. Ordne die folgenden Namen nach dem ABC:
Barbara, Rita, Melanie, Fine, Doris, Daniel, Franziska, Max, Ralf, Bruno, Bernd, Rosi, Uwe, Erich, Monika, Ulrich, Emil, Ferdinand, Uta, Elsa, Dieter.

B

D

E

F

M

R

U

Namenwörter nach dem Alphabet ordnen

A-B-C-Gedicht

1. Lerne das ABC auswendig. Das Gedicht kann dir dabei helfen.

A, B, C, D, E,
der Kopf tut
mir weh.

F, G, H, I, J, K,
der Doktor ist
da.

L, M, N, O,
jetzt bin ich
froh.

P, Q, R, S, T,
’s ist wieder
gut, juchhe!

U, V, W, X,
jetzt fehlt mir
nix.

Y, Z,
jetzt geh ich
ins Bett.

Volksgut

2. Schreibe das Gedicht ab. Merke dir den Tipp für das Abschreiben.

Tipp

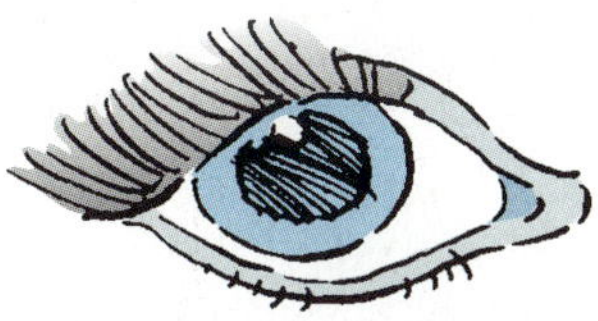

a) Lies und sprich das Wort deutlich.

b) Decke das Wort zu.

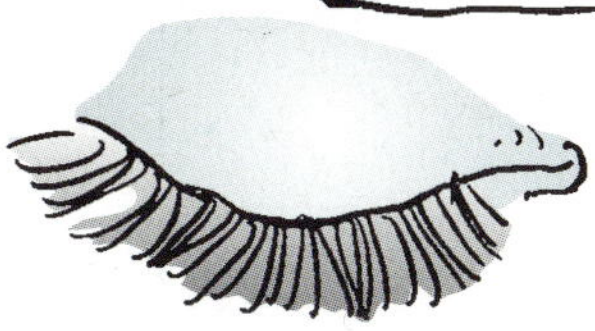

c) Stelle dir das Wort im Gedächtnis vor.

d) Schreibe das Wort auf und sprich es dabei.

e) Kontrolliere nun, ob jeder Buchstabe stimmt.

7. A, a, a, der Winter, der ist da

Mitlaute und Selbstlaute unterscheiden

***A**, a, a, der Winter, der ist da!*
Herbst und Sommer sind vergangen,
Winter, der hat angefangen.
A, a, a, der Winter, der ist da!

***E**, e, e, er bringt uns Eis und Schnee!*
Malt uns gar zum Zeitvertreiben
Blumen an die Fensterscheiben!
E, e, e, er bringt uns Eis und Schnee!

***I**, i, i, vergiss die Armen nie!*
Wenn du liegst in warmen Kissen
denk an die, die frieren müssen!
I, i, i, vergiss die Armen nie!

***O**, o, o, wie sind die Kinder froh!*
Sehen jede Nacht im Traume
sich schon unterm Weihnachtsbaume.
O, o, o, wie sind die Kinder froh!

***U**, u, u, jetzt weiß ich, was ich tu!*
Hol den Schlitten aus dem Keller
und dann geht es schnell und
schneller.
u, u, u, – den Berg hinab, juchhu!

Volkslied

Merke!

Die Buchstaben **A, E, I, O, U** werden **Selbstlaute** genannt. **Alle anderen Buchstaben** sind die **Mitlaute**.

1. Lies das Gedicht so oft, bis du es deiner Klasse gut vorlesen kannst.
   Ihr könnt das Gedicht auch aufteilen, sodass jeweils ein Kind nur einen Vers vorträgt.
2. Lernt mit eurer Lehrerin (eurem Lehrer) die Melodie zu dem Gedicht. Es ist ein altes Lied.
3. Schreibe einen Jungen- und einen Mädchennamen, die im Anlaut (erster Buchstabe) mit **A, E, I, O** oder **U** geschrieben werden.

A

E

I

O

U

Mitlaute und Selbstlaute unterscheiden

Namen nach dem Alphabet ordnen

1. Trage in die Kästchen die Anfangsbuchstaben der Namen ein.
Alle Namen beginnen mit einem Selbstlaut (A, E, I, O oder U).

☐ta	☐mil	☐nga	☐laf	☐ric
☐tto	☐nna	☐li	☐lrike	☐gnes
☐ris	☐we	☐lsa	☐lse	☐rtrud

2. Ordne die Namen nach dem Alphabet. Aufgepasst!
Du musst beim Ordnen auch auf den zweiten Buchstaben in jedem Namen achten.

A	E	J	D	U

Das Alphabet ergänzen

3. Schreibe die fehlenden Mitlaute in der alphabetischen Folge in die Lücken.
Schreibe in Druckbuchstaben – zuerst mit großen, dann mit kleinen Buchstaben.

A				E				I				
	O						U					
a				e				i				
	o						u					

Mitlaute und Selbstlaute unterscheiden

Selbstlaute suchen

1. In jeder Wortgruppe sollen die Selbstlaute mit einem roten Klecks übermalt werden. Der Selbstlaut, der übermalt werden soll, steht über der Wortgruppe.
2. Schreibe die Wörter in Schreibschrift in die Linien. Sprich deutlich und zeichne die Silbenbögen.

A

der Ball	der Ball
das Gras	
die Banane	

E

der Esel	der Esel
die Feder	
der Besen	

I

der Pinsel	
der Igel	
die Tinte	

O

die Torte	
die Rose	
der Vogel	

U

die Schule	
der Uhu	
die Suppe	

3. Übermale alle **i** in dem Zungenbrecher.

4. Male einen roten Klecks über die Selbstlaute in den Wörtern.

Übermale das **A/a**.
Der Apfel hat eine harte Schale.

Übermale das **E/e**.
Elsa webt einen Teppich.

Übermale das **I/i**.
Tim singt ein Lied.

Übermale das **O/o**.
Onkel Otto pocht an das Tor.

Übermale das **U/u**.
Der Hund schnuppert an dem Kuchen.

5. Schreibe die Sätze in dein Heft. Denke an die Tipps für das Abschreiben.

Mitlaute und Selbstlaute unterscheiden

Selbstlaute einsetzen

1. Hier passen immer zwei Selbstlaute in die Wortlücke.
So entstehen zwei verschiedene Wörter.
Trage die passenden Selbstlaute ein und schreibe die Wörter.

B (a / u) ch

Sch (/) le

W (/) nd

M (/) nd

Bl (/) se

H (/) se

Aus Silben Wörter bilden

2. Bilde aus zwei Silben ein sinnvolles Wort. Jede Gruppe enthält ein falsches Wort.
Schreibe nur die sinnvollen Wörter auf.

Na, Pu, Go → del

Va, Wu, Me → ter

Im Winter

Es ist k__lt geworden.

Der Fr__st m__lt Bl__men an die F__nsterscheiben.

Der W__nter br__ngt Eis und Schnee.

Die K__nder h__len den Schl__tten aus dem K__ller.

Sie r__deln den B__rg hinab.

Sie r__fen: „Juchhu!"

3. Trage die fehlenden Selbstlaute in die Wörter ein. Schreibe den Text in dein Heft.

Umlaute ableiten

Im Park

Anke und Felix sind mit ihrer Oma im Park.
Oma sitzt auf einer Bank.
Sie hat einen kleinen Korb mit Brotkrumen bei sich.
Anke und Felix füttern die Schwäne am Teich.
Sie werfen mit vollen Händen Brotkrumen ins Wasser. Die Schwäne sind schon am Ufer.
Nachdenklich fragt Felix:
„Warum haben Schwäne nur so einen langen Hals?“ „Ist doch klar“, meint Anke, „damit sie bei Hochwasser nicht ertrinken.“
Was meinst du dazu?

1. Was weißt du über Schwäne? Erzähle! Kannst du Trollis Frage beantworten?
2. Unterstreiche die Namenwörter in dem Text.

Merke!

Namenwörter sagen, wie Lebewesen und Dinge heißen. Namenwörter schreibt man groß. Die meisten Namenwörter haben eine Mehrzahl.

Suchrätsel

B	R	O	T	K	R	U	M	E
H	A	L	S	R	O	V	C	E
P	A	R	K	R	L	J	D	S
B	A	N	K	Y	N	C	T	K
M	M	F	O	M	A	I	C	P
E	Y	C	L	H	W	T	H	R
G	C	S	C	H	W	A	N	A
I	U	K	O	R	B	H	G	M
H	A	N	D	G	I	B	M	F

3. In dem Suchrätsel sind acht der Namenwörter versteckt, die oben in dem Text stehen. Übermale diese Wörter.
4. Schreibe sie in die Linien. Schreibe die Mehrzahl daneben. Kontrolliere mit dem Wörterbuch.

Umlaute ableiten

Merke! Aus den Selbstlauten a, o, u werden die Umlaute ä, ö, ü.

Aus den Selbstlauten werden Umlaute

1. Schreibe zu jedem Namenwort die Mehrzahl. Achte auf die Selbstlaute und auf die Umlaute. Kontrolliere mit dem Wörterbuch. Schreibe in Schreibschrift.

ein Schwan	viele Schwäne	ein Vogel	
ein Garten		ein Dorf	
ein Ball		ein Korb	
eine Hand		ein Wort	
ein Buch		ein Wurm	
ein Fuß		ein Turm	

2. Schreibe die folgenden Namenwörter in dein Heft und schreibe die Mehrzahl daneben:
eine Bank, ein Rad, ein Dach, ein Ast, eine Mutter, ein Busch, ein Tuch, ein Gruß, ein Kopf, ein Koch, ein Loch, eine Tochter. Vergleiche mit dem Wörterbuch.
Schreibe so: eine Bank – viele Bänke

ein Tuch,
ein Tüchlein

eine Tasche,
ein Täschchen

-chen und -lein machen alle Dinge klein.

3. Schreibe an das Namenwort **-chen** oder **-lein**. Aus dem Selbstlaut wird dann ein Umlaut.
Schreibe so: ein Kranz – ein Kränzchen, ein Buch – ein Büchlein …

ein Ball		ein Topf	
ein Bach		ein Loch	
ein Turm		eine Tochter	

8. Im Park

Umlaute ableiten

Merke! Bei vielen Wörtern steht in der Mehrzahl ein Umlaut und in der Einzahl ein Selbstlaut. Es gibt aber auch Namenwörter, die schon in der Einzahl mit einem Umlaut geschrieben werden.

Bild und Wort

1. Ordne die folgenden Wörter den Bildern zu. Schreibe sie in die Linien.
Mädchen, Bäcker, Krähe, Käfer, Flöte, Löffel, Kröte, Löwe, Küken, Würfel, Gürtel, Tür.

Im Park

Anke und Felix sind mit ihrer ____________ im ____________.

____________ sitzt auf einer ____________. Sie hat einen kleinen

____________ mit ____________ bei sich. Anke und Felix

füttern die ____________ am ____________. Sie werfen mit vollen

____________ ____________ ins ____________. Die

____________ sind schon am ____________. Nachdenklich fragt Felix:

„Warum haben ____________ nur so einen langen ____________?“

„Ist doch klar“, meint Anke, „damit sie bei ____________ nicht ertrinken.“

2. Lass dir die fehlenden Wörter diktieren. Vergleiche sie mit dem Anfangstext auf Seite 28.

Tunwörter erkennen / Silben oder Wortbausteine zusammensetzen

Eingebrochen

Viele Tage **regnet** es.
Auf dem Acker hinter dem Haus **bildet** sich eine große Pfütze.
Sie **wächst** zu einem Teich.
Zuletzt **entsteht** ein richtiger See.
Dann **friert** es.
Der See **bekommt** eine Haut.
Hans **schliddert** auf dem Eis. Plötzlich **kracht** und **bricht** das Eis.
Hans **steht** im eiskalten Wasser.
Es **füllt** seine Stiefel bis an den Rand.
Er **läuft** schnell ins warme Haus.

1. Wo konntest du einmal schliddern? Erzähle.
2. Die fett gedruckten Wörter sind Tunwörter. Sie sagen uns, was Lebewesen oder Dinge tun. Findest du das passende Tunwort im Text. Schreibe es neben die Grundform.

regnen		schliddern	
bilden		krachen	
wachsen		brechen	
entstehen		stehen	
frieren		füllen	
bekommen		laufen	

Merke! Tunwörter sagen, was Lebewesen und Dinge tun.

3. Beantworte die folgenden Fragen.

Warum entstand ein großer See? ______

Warum bekam der See eine Haut? ______

Warum stand Hans plötzlich im eiskalten Wasser? ______

9. Eingebrochen

Tunwörter erkennen / Silben oder Wortbausteine zusammensetzen

Tunwort gesucht

1. Was tut das Kind? Schreibe das Tunwort daneben. Die folgenden Wörter helfen dir: **schreiben, singen, trinken, bauen, rennen, turnen, spielen, schwimmen, weinen, rufen**.

2. Die Tunwörter sind in der Grundform geschrieben.
Schreibe nun Sätze. Aufgepasst! Die Form des Tunwortes muss sich dann ändern.
Kontrolliere mit dem Wörterbuch. Schreibe so: Das Kind rennt. Das Kind …

3. Bilde aus den Silben sinnvolle Tunwörter. Schreibe mit jedem Wort einen Satz in dein Heft.

wer → fen
kau → fen

su → chen
tau → chen

glau → ben
we → ben

Welches Tunwort passt?

Ich ______________________ einen Stein ins Wasser und so entstehen viele Ringe.

Der Junge ______________________ bis auf den Grund des Schwimmbades.

Die Spinne ______________________ ein Netz um Mücken zu fangen.

Oma ______________________ ihre Lesebrille.

Mutter ______________________ Obst und Gemüse auf dem Markt.

Vater ______________________, dass es morgen schneien wird.

1. Schreibe in die Satzlücken ein passendes Tunwort.
   Du findest die Tunwörter auf Seite 32 bei Aufgabe Nr. 3.

Wortbausteine zusammenfügen

2. Schreibe die folgenden Tunwörter in der Ich-, Er- und Wir-Form:
   spielen, fliegen, rennen, weinen, träumen. Male über den Endbaustein einen roten Klecks.

ich mal**e**	er mal**t**	wir mal**en**

9. Eingebrochen

Tunwörter erkennen / Silben oder Wortbausteine zusammensetzen

Wir reimen

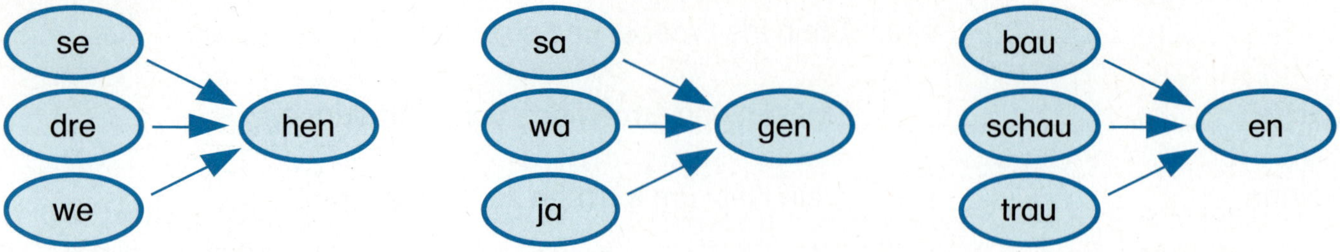

1. Setze die Silben zusammen. Schreibe die Tunwörter untereinander, die sich reimen.

Eingebrochen

Viele Tage ______________ es.

Auf dem Acker hinter dem Haus ______________ sich eine große Pfütze.

Sie ______________ zu einem Teich.

Zuletzt ______________ ein richtiger See.

Dann ______________ es.

Der See ______________ eine Haut.

Hans ______________ auf dem Eis.

Plötzlich ______________ und ______________ das Eis.

Hans ______________ im eiskalten Wasser.

Es ______________ seine Stiefel bis an den Rand.

Er ______________ schnell ins warme Haus.

2. Schreibe die fehlenden Tunwörter in die Satzlücken. Du kannst dir die Wörter diktieren lassen. Du findest die Wörter am Anfang dieser Lerneinheit auf Seite 31.

10. Ein Traumgarten

Doppellaute ei, eu, au

Ein Traumgarten

Lena wünscht sich einen Traumgarten.
Der Garten soll einen großen Rasen
mit wilden Blumen haben.
Auf dem Rasen baut sich Lena ein Haus aus Holz.
Vor dem Holzhaus soll ein kleiner Teich sein,
in dem es Frösche und Fische gibt.
Dann kann sie am Tag Fische fangen.
Am Abend sitzt sie dann mit ihren Freundinnen
und Freunden am Wasser
und brät die Fische über dem Feuer.
Sie erzählen Witze
und freuen sich an dem Konzert der Frösche.
Wenn die Nächte warm sind,
will sie im Garten schlafen.

Merke! Manche Laute werden mit zwei Selbstlauten geschrieben.
Dies sind **Ei/ei, Eu/eu, Au/au.**
Sie heißen Doppellaute.

1. Möchtest du auch einen Garten haben? Wie soll dein Traumgarten aussehen? Erzähle!

2. Male in dem Text über **ei, eu, au** einen roten Klecks.

3. Schreibe die Wörter aus dem Text auf, die mit ei, eu oder au geschrieben werden.

4. Beantworte die folgenden Fragen.

Wer wünscht sich einen Traumgarten? ____________________

Was will Lena auf dem Rasen bauen? ____________________

Welche Tiere sollen in dem Teich leben? ____________________

Was will sie über dem Feuer braten? ____________________

Wen will sie einladen? ____________________

Wer macht am Abend ein Konzert? ____________________

Wann will Lena im Garten schlafen? ____________________

10. Ein Traumgarten

Doppellaute ei, eu, au

Rückwärtswörter

HCIET:	MUART:
REUEF:	NIEB:
ELUE:	EGUA:
OTUA:	REMIE:
SIE:	ORUE:
EPUAR:	ETUEL:

1. Schreibe die Rückwärtswörter richtig auf.
Es sind alles Namenwörter. Sie werden am Anfang großgeschrieben.
Ordne die Wörter dann in die Tabelle ein.

Wörter mit Ei/ei	Wörter mit Eu/eu	Wörter mit Au/au

2. Suche weitere Wörter mit einem Doppellaut in dem Wörterbuch. Schreibe in dein Heft.

3. Schreibe ein passendes Wort in die Satzlücke. Suche die Wörter bei Aufgabe Nummer 1.

Eine ______________________ heult in der Scheune.

Eine kleine ______________________ frisst an dem Kohlblatt.

Wie lange kannst du auf einem ______________________ stehen?

Ein ______________________ saust auf der Autobahn gegen eine Leitplanke.

4. Male über die Doppellaute einen roten Klecks.

Doppellaute ei, eu, au

Tunwörter

Lena baut auf dem Rasen ein Holzhaus. Die Nachbarn schauen über den Zaun.
Die Kinder freuen sich auf den Urlaub. Die Familie verreist mit dem Auto.
Heute schneit es in dicken Flocken. Vater streut Salz auf den glatten Weg.
Tim schreibt ein Gedicht für Oma. Mutter staunt über Tims Gedicht.

1. Kreise die Tunwörter ein. Schreibe die Tunwörter auf.

2. Ergänze die Sätze. Kontrolliere mit dem Wörterbuch.

Wir bauen

Ich baue

Tom baut

Wir schreiben

Ich schreibe

Laura schreibt

Ein Traumgarten

Lena wünscht sich einen ______.

Der ______ soll einen großen Rasen mit wilden Blumen haben.

In einem kleinen ______ gibt es ______ und Fische.

Dann kann Lena am Tag ______ fangen.

Am Abend sitzt sie am Wasser und brät die Fische über dem ______.

Wenn die ______ warm sind, will sie im Garten schlafen.

3. Ergänze die Sätze. Du findest die fehlenden Wörter im Anfangstext auf Seite 35.

Mehrere Buchstaben für einen Laut: Sch/sch, ch

Das Schaukellied

Fichten schaukeln,
Linden schaukeln
sanft im Winde hin und her.

Lärchen schaukeln,
Möwen schaukeln,
Wolken schaukeln
groß und schwer.

Züge schaukeln,
Masten schaukeln,
Schiffe schaukeln auf dem Meer.

Du musst schaukeln,
ich muss schaukeln.
Alles schaukelt hin und her.

Lennart Hellsing

1. Lies das Gedicht mehrere Male, damit du es deiner Klasse gut vorlesen kannst.
2. Überlege, wie das Bild zu dem Text passt. Erzähle!
3. Male über das **Sch/sch** einen roten Klecks.

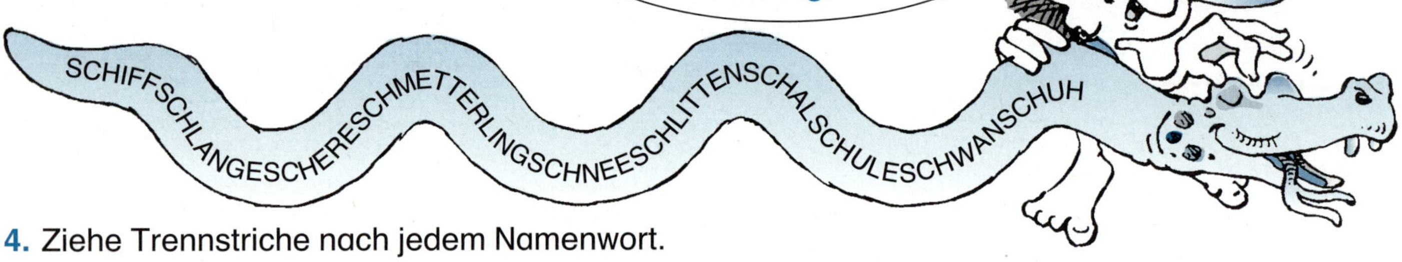

4. Ziehe Trennstriche nach jedem Namenwort.
Schreibe die Wörter. Achte auf die Großschreibung der Namenwörter.

Merke! Der Laut „**sch**“ kann auch im Innern oder am Ende eines Wortes vorkommen. Beispiel: Ta**sch**e

Ta____e Wä____e Ma____ine Fla____e A____e

Ge____enk Bu____ Mat____ Mu____el Fi____

Tu____e Ti____ Ge____äft Kut____e Rut____e

5. Schreibe **sch** in die Wortlücke.
6. Schreibe dann die Namenwörter mit Begleiter in dein Heft. Schreibe so: die Tasche, …

Mehrere Buchstaben für einen Laut: Sch/sch, ch

1. In dem „Schaukellied“ werden zwei Bäume genannt, die mit ch geschrieben werden.
Male einen roten Klecks über diese Wörter. Schreibe sie hier auf.

Merke! Auch die beiden Buchstaben „**ch**“ stehen für einen Laut.
Beispiel: Mil**ch**, …

Wörter mit ch am Wortende oder im Wortinnern

Dach	Macht	richten	lachen
B	N	d	kr
Rauch	**Wicht**	**reichen**	**lochen**
B	L	schl	k
Koch	**Tuch**	**rauchen**	**kriechen**
L	B	t	r

2. Schreibe das Reimwort in Druckschrift. Male über die Buchstaben „**ch**“ einen roten Klecks.

3. Schreibe passende Tunwörter von Aufgabe 2 in die Satzlücken.
Achte auf die Personalform bei den Tunwörtern.

- Ein Räuber ______________ um das Haus.
- Eine Schnecke ______________ über die Straße.
- Laura ______________ gern und sammelt ihre Gedichte in einem Heft.
- Opa ______________ gern eine Pfeife.
- Tom ______________ im Schwimmbad nach einem Reifen.
- Der Nachbar ______________ dem Kind einen Apfel über den Zaun.
- Der Lehrer ______________ die Arbeitsblätter.
- Mutter ______________ heute süßen Brei.
- Blitze zucken über den Himmel und der Donner ______________.
- Das Kind ______________ über den lustigen Clown.

Mehrere Buchstaben für einen Laut: Sch/sch, ch

Tunwörter mit sch

wisch en			**nasch** en		
ich	wisch	___	ich	nasch	___
du	wisch	___	du	___	___
er sie es	wisch	___	er sie es	___	___
wir	wisch	___	wir	___	___
ihr	wisch	___	ihr	___	___
sie	wisch	___	sie	___	___

1. Beschrifte die Wortbausteine. Male die Hauptbausteine rot an und die Endbausteine blau.

Merke! Diese Wörter bestehen aus zwei Wortbausteinen, nämlich aus einem Hauptbaustein und einem Endbaustein. Die Hauptbausteine werden auch Wortstamm genannt.

Die Schaukel

Im Baum hängt eine Schaukel.

Ein Kind sitzt auf der Schaukel.

Es schaukelt immer höher und höher.

Das Kind schaut hinauf zu den Wolken.

Lachend ruft es: „Alles schaukelt hin und her."

2. Schreibe die Sätze ab. Denke an den Tipp für das Abschreiben.

3. Gestalte ein Schmuckblatt. Schreibe das Gedicht darauf und male ein Bild dazu.

Doppellaute Au/au und Äu/äu

Katze und Maus

In unserm Haus ist eine Maus.
Unsere Katze jagt die Maus.
Die Maus läuft immer um den Schrank herum.
Plötzlich macht die Katze
einen Satz auf die Maus zu.
Da flüchtet die Maus hinaus in den Garten.
Sie versteckt sich hinter
Bäumen, Sträuchern und Kräutern.
Aber die Katze bleibt dicht hinter ihr.
Schließlich verschwindet die Maus
in einem Erdloch.
Nun sitzt die Katze davor und wartet.

1. Hast du schon einmal eine Katze beobachtet, wenn sie eine Maus fängt? Erzähle!
2. In dem Text werden einige Wörter mit **au** oder **äu** geschrieben.
   Male einen roten Klecks über diese Doppellaute.

Rückwärtswörter

3. Schreibe die Wörter richtig und schreibe die Einzahl daneben.

	Mehrzahl	Einzahl
ESUÄM:		
RESUÄH:		
ENUÄZ:		
EMUÄB:		
REHCUÄRTS:		
RETUÄRK:		

Merke! Aus **au** kann **äu** werden, wenn du die Mehrzahl bildest.

12. Katze und Maus

Doppellaute Au/au und Äu/äu

Die Nachsilben -chen und -lein machen alle Dinge klein

1. Schreibe an alle Wörter die Nachsilbe -chen oder -lein. Aufgepasst! Aus **au** wird **äu**.
Schreibe in Schreibschrift.

das Auge	das Äuglein	der Zaun	
die Frau		der Bauch	
das Haus		das Kraut	
die Maus		die Faust	
der Baum		die Haut	

Merke!

Suche ein verwandtes Wort mit **au**, damit du entscheiden kannst,
ob das Wort mit **äu** geschrieben wird.
Beispiel: einzäunen – der Zaun

Tunwörter mit äu

2. Schreibe das Tunwort und daneben das verwandte Namenwort.
Diese Wörter helfen dir: **der Schaum, der Laut, der Traum, der Raum**.

läuten

räumen

schäumen

träumen

3. Schreibe das fehlende Tunwort in die Satzlücke. Die Wörter von Aufgabe 2 helfen dir. Aufgepasst! Die Form des Tunwortes ändert sich. Du musst die richtige Personalform wählen.

Heute ____________ Lorenz sein Zimmer auf.

Laura ____________ von einem Zaubergarten.

Jeden Samstag ____________ die Abendglocke den Sonntag ein.

Manchmal ____________ das Bier über den Glasrand.

Doppellaute Au/au und Äu/äu

Antwort gesucht

1. Beantworte die folgenden Fragen. Erinnere dich an den Anfangstext auf Seite 41.

Wen jagt die Katze?

Wohin flüchtet die Maus?

Wo will sich die Maus verstecken?

Wo verschwindet die Maus schließlich?

Warum bleibt die Katze vor dem Erdloch sitzen?

Katze und Maus

Inunsermgartenisteinemaus.

Unserekatzejagtdiemaus.

Diemausversteccktsichhintersträuchernundkräutern.

Aberdiekatzebleibtdichthinterihr.

Endlichverschwindetdiemausineinemerdloch.

Nunsitztdiekatzedavorundwartet.

2. Ziehe Trennstriche hinter den Wörtern. Schreibe die Sätze.
Die Namenwörter werden großgeschrieben. Kontrolliere mit dem Wörterbuch.

Wörter mit Sp/sp oder St/st am Wortanfang

Geburtstag

Steffi hat Geburtstag.
Heute steht sie besonders früh auf, weil sie ihre Geschenke sehen möchte.
Sie staunt über die große Spielesammlung.
Dazu gehört auch das Stapelmännchen, das sie sich gewünscht hat. Sie spielt gleich damit.
Am Nachmittag kommen alle ihre Freunde.
Jeder bringt ein kleines Geschenk mit.
Dann machen sie lustige Spiele.
Am Abend steigt Steffi müde und glücklich in ihr Bett.

1. Lies den Text aufmerksam. Erzähle, wie das Bild zu dem Text passt.
2. Schreibe zu den folgenden Fragen eine passende Antwort.

Warum steht Steffi so früh auf?

Welches Spiel hat sie sich gewünscht?

Wann kommen ihre Freunde und gratulieren?

Welches lustige Spiel könnten die Kinder gespielt haben?

Wörter mit St oder st am Wortanfang

3. Suche aus dem Text die Wörter heraus, die am Wortanfang mit **St** oder **st** geschrieben werden und schreibe sie auf.

4. Schau in deine Wörtersammlung und suche noch mehr dieser Wörter heraus. Schreibe sie auf.

Wörter mit Sp/sp oder St/st am Wortanfang

Wörter mit Sp oder sp am Wortanfang

1. Suche aus dem Text am Beginn dieser Lerneinheit auf Seite 44 die Wörter heraus, die am Wortanfang mit **Sp** oder **sp** geschrieben werden.
2. Male über **Sp/sp** einen roten Klecks.

Wortliste

3. Fülle die Wortliste aus.

Male über Sp/sp einen roten Klecks.	Schreibe ab und vergleiche anschließend.	Lass dir diktieren und vergleiche anschließend.
Spagetti		
sparen		
Spaß		
spät		
spazieren		
spitz		
Spiegel		
Sport		
sprechen		

13. Geburtstag

Wörter mit Sp/sp oder St/st am Wortanfang

Schnellsprechen

1. Lerne den Zungenbrecher auswendig.
   Wer kann ihn am schnellsten sprechen?

Geburtstag

Steffi hat Geburttag.

Heute stet sie frü af,

weil sie ihre Geschenge sehen mochte.

(6 Fehler)

Sie staunt über die Spielesamlung.

Dazu gehort auch das Stapelmänchen,

das sie sich gewünscht hate.

Sie spielt gliech damit.

(5 Fehler)

Später komen ale ihre Freunde.

Jeder bingt ein kleines Geschek mit.

Dann mochen sie lustige Speile.

Am Aben steit Steffi müde

und glücklich in ihr Bet.

(9 Fehler)

2. In jedem Textteil sind mehrere Fehler versteckt. Die Zahl der Fehler ist angegeben. Unterstreiche die Wörter, in denen du einen Fehler findest.
3. Schreibe das Wort richtig auf. Vergleiche mit dem Text am Beginn dieser Lerneinheit.

14. Am Vogelhaus

Besondere Schreibweise / Wörter mit V/v

Am Vogelhaus

Nun ist der Winter da.
Vater stellt das Vogelhäuschen in den Garten. Lorenz streut Vogelfutter hinein und hängt Meisenringe auf. Die Vögel kommen und picken von den Kernen. Am Vogelhaus herrscht reger Verkehr. Vater und Lorenz beobachten die vielen verschiedenen Vogelarten. Lorenz kann Blaumeisen, Kohlmeisen, Kleiber, Buchfinken und Spatzen unterscheiden.
Wenn der Frühling kommt, stellt Vater das Vogelhäuschen wieder in den Keller.
Warum wohl?

1. Weißt du, warum das Vogelhäuschen im Frühling wieder weggestellt werden soll? Erzähle!
2. Male ein Bild zu dem Text.
3. Beantworte die folgenden Fragen.

Wann stellt Vater das Vogelhaus in den Garten?

____

Welche Vogelarten kann Lorenz beobachten?

____

____

Wann wird das Vogelhaus wieder in den Keller gestellt?

____

Merke! **Bei einigen Wörtern wird der F-Laut mit V/v geschrieben.**
Beispiel: Verkehr, Vogel, viel, ...

4. Male in dem Text über den Buchstaben **V/v** einen roten Klecks.
   Schreibe die Wörter mit **V/v** auf.

____

____

Merke! **Bei einigen Wörtern wird der W-Laut mit V/v geschrieben.**
Beispiel: Vase, Video, ...

5. Schreibe die folgenden Wörter in dein Heft:
   Vulkan, Vase, Video, Vera, Valentin, Veronika, Ventil, Violine, Villa, Vitamine.
6. Male zu einigen Wörtern ein passendes Bild.

14. Am Vogelhaus

Besondere Schreibweise / Wörter mit V/v

Merke! Namenwörter können zusammenwachsen.

Zusammengesetzte Namenwörter

Käfig

Nest

Feder

Futter

Flug

Ring

Warte

Beere

Haus

Pärchen

1. Schreibe zusammengesetzte Namenwörter mit „Vogel“.

Wortsuchrätsel (V wie F)

2. In diesem Suchrätsel sind 6 Namenwörter versteckt, die am Wortanfang mit **V** (**V** wie **F**) geschrieben werden. Kreise diese Wörter ein.

3. Schreibe die Namenwörter auf.

Z	K	V	O	G	E	L	H
V	A	T	E	R	E	E	Q
V	O	L	K	K	K	S	I
Q	V	I	E	H	F	E	P
C	L	V	E	T	T	E	R
X	G	U	J	H	X	Q	Q
V	E	I	L	C	H	E	N
L	C	O	S	X	V	A	O

Besondere Schreibweise / Wörter mit V/v

Vorsilbe „ver“

1. Schreibe die folgenden Tunwörter unter das passende Bild:
schieben, suchen, fahren, schreiben, rutschen, laufen, tragen, rechnen.

2. Verbinde nun das Tunwort mit der Vorsilbe „**ver**“. Beispiel: **ver**schieben

Merke! Die Vorsilbe „**ver**“ gibt dem Tunwort einen anderen Sinn.

Kammrätsel (V wie W)

3. Trage die Buchstaben der Wörter in das Kammrätsel ein.
Hier wird **V** wie **W** gesprochen.

1	V							
2	V							
3	V							
4	V							
5	V							
6	V							

Die Wörter bedeuten:

1 Mädchenname
2 Musikinstrument
3 Gefäß für Blumen
4 Jungenname
5 Feuerspeiender Berg
6 Großes, vornehmes Haus

Am Vogelhaus

☐ Im Frühling kommt das Vogelhäuschen wieder in den Keller.
☐ Vater stellt das Vogelhäuschen in den Garten.
☐ Viele Vögel kommen und picken die Kerne auf.
☐ Lorenz streut Vogelfutter hinein und hängt Meisenringe auf.
☐ Nun ist der Winter da.

4. Bringe die Sätze in die richtige Reihenfolge. Nummeriere sie in der richtigen Folge.

5. Schreibe die Sätze dann geordnet in dein Heft. Denke an den Tipp für das Abschreiben.

Doppelte Mitlaute

Traktor-Geknatter

Ein Traktor kommt um die Ecke gerattert.
Man kennt ihn gleich,
wenn er klappert und knattert
und rüttelt und ruckelt
und zittert und knackt
und schüttelt und zuckelt
und stottert im Takt –
bis unter die Brücke
zum dicken Bagger
wackelt der Traktor mit taketataka
taketa – taka taketa – pff take – pff
take - - aus!
Dann geht der Traktorfahrer nach Haus.

Hans Adolf Halbey

1. Lies den Text aufmerksam. Wie stellst du dir den Traktor vor? Erzähle!
2. Male ein Bild von dem Traktor.
3. Mit welchen Wörtern wird der Traktor beschrieben? Was tut der Traktor? Schreibe die Tunwörter auf.

4. Male in dem Text die Silbenbögen. Die Silben sind farblich voneinander abgehoben.

Merke!

- **Sprich das Wort so deutlich, dass du jeden Laut hören kannst.**
- **Lies das Wort nun in Silben.**
- **Schreibe das Wort auf.**

Beispiel:
T r a k t o r
Trak tor
Traktor

Doppelte Mitlaute

1. In dem Text auf der vorigen Seite findest du einige Wörter, bei denen zwei gleiche Mitlaute nebeneinander stehen. Schreibe diese Wörter untereinander.
2. Schreibe diese Wörter getrennt. Warum kann man einige Wörter nicht trennen?

Geknatter	Ge - knat - ter

Merke! Nach einem kurzen, betonten Selbstlaut verdoppelt sich der Mitlaut. Wenn das Wort aus zwei Silben besteht, wird es zwischen den beiden gleichen Mitlauten getrennt. **Beispiel:** Bag – ger, fal – len

3. Schreibe die Reimwörter in Druckschrift.

rennen	bellen	stimmen	essen
k	st	schw	fr
wollen	**fallen**	**schütteln**	**knattern**
r	kn	r	r

15. Traktor-Geknatter

Doppelte Mitlaute

Das Wörterbuch hilft

1. Schreibe zu den Bildern die Namenwörter in der Einzahl und in der Mehrzahl.
Vergiss den Begleiter nicht. Suche das Wort im Wörterbuch und schreibe die Seitenzahl.

Bild	Einzahl	Mehrzahl	Seite
	der Affe	die Affen	

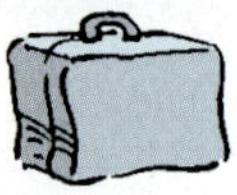			

2. Schreibe die Reimwörter in Druckschrift.

Mutter	Tanne	Schlüssel	Teller
B	W	R	K
Lippe	**Giraffe**	**Schimmel**	**Zigarre**
W	A	H	Git

Doppelte Mitlaute

Tunwörter mit doppelten Mitlauten

Mutter ______________________ die Blumen in die Vase.

Lorenz ______________________ zu spät in die Schule.

Laura ____________________ um Entschuldigung, weil sie ihr Heft ______________________ hat.

Hans ______________________ mit Vater um die Wette.

Der Ball ______________________ über die Torlinie.

Der Hund ______________________ immer, wenn ein Fremder ______________________.

1. Trage die folgenden Tunwörter in der richtigen Personalform in die Satzlücken ein:
schellen, rollen, vergessen, kommen, bellen, schwimmen, bitten, stellen.

Traktor-Gekna_______er

Ein Traktor ko_______t um die ______________ gera_______ert.

Man ke_______t ihn gleich, we_______ er kla_______ert und kna_______ert

und rü_______elt und ______________________

und zi_______ert und ______________________

und schü_______elt und ______________________

und sto_______ ert im Takt –

bis unter die __________________ zum ____________________ Ba_______er

____________________ der Traktor mit taketataka

taketa – taka taketa – pff

take – pff

take - - aus!

Da_______ geht der Traktorfahrer nach Haus.

2. Trage die fehlenden doppelten Mitlaute in die Wortlücken ein.

3. Die folgenden Wörter mit ck sind im Text weggelassen:
ruckelt, zuckelt, wackelt, knackt, Ecke, dicken, Brücke. Schreibe sie in die Satzlücken.
Vergleiche mit dem Text am Anfang dieser Lerneinheit auf Seite 50.

4. Schreibe den Text in dein Heft. Du kannst ihn dir auch diktieren lassen.

16. Mit einer Blumenzwiebel

Wörter mit langem und kurzem (i)

Mit einer Blumenzwiebel

Rate, was habe ich hier?
Eine Zwiebel. Ich schenke sie dir.

Scheint sie dir allzu gering?
Es ist ein verzaubertes Ding.

Draus wird was schlüpfen im Mai
wie ein Vogel aus dem Ei.

Wie ein Paradiesvogel schön
wird eine Blume im Garten stehn.

Josef Guggenmos

1. Lies den Text aufmerksam. Was erfährst du aus dem Gedicht? Erzähle!
2. Setze die Zwiebel einer Hyazinthe in einen Blumentopf mit Erde. Beobachte sie!
3. Kennst du noch andere Blumen, die aus einer Zwiebel wachsen? Nenne ihre Namen!
4. Schreibe das Gedicht sauber auf ein Blatt und male dazu ein passendes Bild.

5. Schreibe alle Wörter auf, in denen das **i** lang klingt.
   Diese Wörter werden mit **ie** geschrieben. Kontrolliere die Wörter mit dem Wörterbuch.
6. Streiche die anderen Luftballons durch.

Merke! Die meisten Wörter mit lang gesprochenem **i-Laut** werden mit **ie** geschrieben.

Wörter mit langem und kurzem (i)

Wörter mit ie

1. Bilde aus den Wörtern Reimpaare. Schreibe die Reimwörter in Schreibschrift nebeneinander.

Spiel	Ziege	Riese	lieben
Spiegel	Brief	Ziel	Wiege
schief	Riegel	vier	liegen
fliegen	Tier	Wiese	sieben

Spiel, Ziel

2. Schreibe mit einigen der Wörter Sätze in dein Heft. Wenn du willst, kannst du auch Witzsätze schreiben. **Beispiel**: Sieben Riesen liegen auf einer Wiese.

3. Suche in deinem Wörterbuch noch acht Wörter mit **ie** und schreibe sie auf.

„Es gibt nur wenige Wörter, bei denen man den i-Laut lang spricht, aber nur mit i schreibt. Diese Wörter muss man sich merken.“

Beispiel: Igel, Tiger, Biber, Bibel, Fibel und dir, mir, wir.

4. Schreibe das passende Wort in die Satzlücke. Die Wörter findest du bei Trolli.

Der ________________ schützt sich mit seinen Stacheln gegen seine Feinde.

In der ________________ wird von Gott, Jesus und von den Menschen erzählt.

Der ________________ baut sich unter Wasser seine Burg aus dicken Ästen.

Den ________________ können ____________ in Deutschland nur im Zoo beobachten.

Ich erzähle ____________ eine wahre Geschichte. Das kannst du ____________ glauben.

16. Mit einer Blumenzwiebel

Wörter mit langem und kurzem (i)

Merke! Bei einigen Wörtern wird der lang gesprochene **i-Laut** mit **ih** geschrieben. Diese Wörter musst du dir merken: **ihm, ihn, ihr.**

Sommerfest

Laura lädt alle Kinder ________________ Klasse zu ________________ Sommerfest ein.

Sie darf im Garten ________________ Eltern feiern.

Sie ruft ________________ Lehrerin an und fragt sie,

ob sie auch zu ________________ Fest kommen kann.

Die Lehrerin sagt ________________, dass sie sich darauf freut.

Die Kinder überlegen, was sie ________________ schenken können.

Schließlich fragen sie ________________ Lehrerin.

Sie verspricht ________________ darüber nachzudenken.

1. Schreibe die fehlenden Wörter in die Satzlücken.
   Es sind: **ihr, ihre, ihrem, ihrer, ihnen**.
2. Schreibe den Text in dein Heft.

Laura hat auch ________________ Freund Felix eingeladen.

Sie hat ____________ lange nicht gesehen, weil seine Eltern umgezogen sind.

Er hat ____________ ein Bild gemalt, das er ____________ nun schenkt.

Er kann wunderbar malen und Laura dankt ____________ herzlich.

Sie zeigt das Bild ________________ Vater und ________________ Mutter.

Auch die anderen Geschenke zeigt sie ________________ Eltern.

Aber über das Bild ________________ Freundes freut sie sich am meisten.

3. Schreibe die fehlenden Wörter in die Satzlücken.
   Es sind: **ihr, ihrer, ihres, ihrem, ihren, ihm, ihn**.

Wörter mit ah, eh, oh, uh

Die Riesenschildkröte

Auf einer Hauptstraße in Berlin brach an einem Montagmorgen der Verkehr zusammen.
Die Autoschlange wurde immer länger.
Kein Auto konnte fahren.
Die wartenden Autofahrer hörten über den Verkehrsfunk, was der Grund für den Stau war. Das Hindernis war eine riesengroße Schildkröte, die regungslos mitten auf der Fahrbahn hockte und nicht daran dachte sich fortzubewegen.
Später war zu erfahren, dass sie aus dem Zoo ausgebrochen war.

1. Lies den Text aufmerksam und beantworte die folgenden Fragen.

Warum bildeten sich auf der Straße lange Autoschlangen?

Wo kam die Schildkröte her?

In welcher Stadt ereignete sich dieser Zwischenfall?

2. Suche die Wörter aus dem Text heraus, die mit der Wortfamilie „fahren" verwandt sind. Schreibe sie auf.

Merke! In allen Wörtern, die zu der Wortfamilie „**fahr**en" gehören, findest du den Wortbaustein „**fahr**".

3. Male über den Wortbaustein „**fahr**" in allen Wörtern einen roten Klecks.

4. Schau in deinem Wörterbuch unter „**fahren**" nach. Dort findest du bestimmt noch mehr Wörter, die zu dieser Wortfamilie gehören. Schreibe sie in dein Heft. Übermale „**fahr**".

Wörter mit ah, eh, oh, uh

„Ich merke, dass (h) nicht zu hören ist. Der Selbstlaut vor dem **h** wird lang gesprochen.“

Wortfamilien

1. Setze die Wörter, die rund um den Polizisten stehen, mit dem Wort „**Verkehr**“ zusammen. Schreibe sie auf. Vergiss bei der Wortbildung das (s) hinter dem Wort „Verkehr“ nicht.

Zeichen

Unterricht

Unfall

Regeln

Schilder

Insel

Funk

2. Setze die Namenwörter, die rund um die Uhr stehen, mit dem Wort „**Uhr**“ zusammen.

Eier

Küchen

Taschen

Digital

Armband

3. Setze die Namenwörter, die rund um das Ohr stehen, mit dem Wort „**Ohr**“ zusammen.

Ring

Stecker

Wurm

Muschel

Läppchen

17. Die Riesenschildkröte

Wörter mit ah, eh, oh, uh

Wörter ordnen

1. Ordne die folgenden Wörter in die Tabelle ein: **Zahn, Sohn, Huhn, Lehrer, Stroh, Jahr, Schuh, Lehne, Zeh, Zahl, Kohle, Kuh**.

Wörter mit **ah**	Wörter mit **eh**	Wörter mit **oh**	Wörter mit **uh**

Die Riesenschildkröte

- Es in Berlin Montagmorgen an einem war.
- Da auf einer zusammen Hauptstraße der Verkehr brach.
- Kein fahren konnte Auto.
- Die hörten Verkehrsfunk Autofahrer den.
- Der für den war Grund Stau eine Schildkröte riesengroße.
- Sie regungslos hockte auf der Fahrbahn mitten.
- Sie nicht dachte sich fortzubewegen daran.

2. Bringe die Wörter in den Sätzen in die richtige Reihenfolge und schreibe die Sätze auf.

18. Im Zoo

Wörter mit aa, ee, oo

Im Zoo

Gestern waren Laura, Lorenz und ihr kleiner Bruder Tim mit den Eltern im Zoo.
Sie schauten aufmerksam zu, wie der Wärter die hungrigen Seelöwen fütterte.
Sie beobachteten, wie geschmeidig sich die Tiger in ihrem Käfig bewegten.
Sie staunten über die großen Mengen Futter, die ein Elefant täglich frisst.
Aber Tim wollte schließlich nur noch die Affen beobachten. Er sah begeistert zu, wie geschickt die Affen auf den Bäumen turnten und spielten. Dann durfte er sie mit ein paar Bananen füttern.
Zum Schluss kaufte Vater den Kindern ein Poster mit Zootieren zum Ausmalen.

1. Lies den Text aufmerksam und beantworte die folgenden Fragen.

Welche Tiere beobachteten die Kinder im Zoo?

Welche Tiere beobachtete Tim am liebsten?

Was kaufte der Vater den Kindern zum Schluss?

2. Suche die Wörter aus dem Text, die mit **aa** oder **ee** oder **oo** geschrieben werden.
Schreibe diese Wörter auf. Male über die doppelten Selbstlaute einen roten Klecks.

Merke! Es gibt einige Wörter, die mit **aa**, **ee** oder **oo** geschrieben werden, wenn der Selbstlaut lang gesprochen wird.

3. Kennst du noch andere Wörter, die mit doppeltem Selbstlaut geschrieben werden?
Schreibe sie auf. Schau in dein Wörterbuch.

Wörter mit aa, ee, oo

Rückwärtswörter

1. Schreibe die Rückwärtswörter richtig auf. Vergiss den Begleiter nicht. Nimm das Wörterbuch.

OOZ:		LAAS:	
ROOM:		RAAH:	
SOOM:		EGAAW:	
TOOB:		TAAS:	

Merke! Wiewörter kannst du erkennen, wenn du fragst: „Wie ist das Ding oder wie sieht es aus?“ Wiewörter werden kleingeschrieben.

Wiewörter erkennen

2. Ergänze die Sätze mit einem passenden Wiewort. Die folgenden Wörter helfen dir:
seetüchtig, sumpfig, weich, blond, geschmückt, grün, schlammig, kaputt, lockig, leer.

Das Moos ist ______________________. Das Moos ist ______________________.

Das Haar ist ______________________. Das Haar ist ______________________.

Das Moor ist ______________________. Das Moor ist ______________________.

Der Saal ist ______________________. Der Saal ist ______________________.

Das Segelboot ist ______________________. Das Ruderboot ist ______________________.

3. Schreibe das passende Wiewort in die Satzlücke. Die Wiewörter bei Aufgabe 2 helfen dir.
Aufgepasst: Du musst das Wiewort verändern und die Endbausteine **e**, **es** oder **en** anhängen.

Wir sammeln das ______________________ Moos für unser Osternest.

Meine Schwester bürstet sich ihr ______________________ Haar sorgfältig.

Durch das ______________________ Moor werden Entwässerungsgräben gezogen.

In dem ______________________ Saal soll das Erntedankfest gefeiert werden.

Auf der Uferböschung liegt ein ______________________ Ruderboot.

18. Im Zoo

Wörter mit aa, ee, oo

1. In diesem Suchrätsel sind waagerecht 10 Wörter versteckt, die mit **ee** geschrieben werden. Kreise sie ein und schreibe sie auf.

E	R	T	S	E	E	P	U	E	V
F	Y	B	B	U	J	M	D	D	E
B	M	E	E	R	S	N	O	F	M
T	T	B	E	E	T	K	X	T	C
Q	S	A	L	K	H	Z	U	S	K
T	F	E	E	S	C	H	N	E	E
H	J	S	P	E	E	R	L	Y	D
Q	B	E	E	R	E	T	E	E	R
J	C	E	K	L	E	E	C	L	Y
O	M	T	E	E	Z	F	J	K	H

2. In jedem Satz fehlt ein Wort mit **ee** aus dem Suchrätsel. Schreibe es in die Satzlücke.

3. Unterstreiche in jedem Satz das Wiewort.

Mutter kocht aus Lindenblüten einen köstlichen ________________.

Der grüne ________________ ist eine Futterpflanze für das Vieh.

Die Kinder tollen in dem herrlichen, weichen ________________ umher.

Diesmal wächst an unserem Himbeerbusch nicht eine winzige ________________.

Laura will auf ihr kleines ________________ Erdbeerpflanzen setzen.

Im Zoo

Laura, Lorenz und ihr keiner Bruder Tim waren im Zoo.
Sie schauten zu, wie der Wärter die hungrigen Seelöwen füterte.
Sie beobachteten, wie sich die Tiger in ihrem engen Kefig bewegten.
Sie staunten über die grosen Mengen Futter, die ein Elefant täglich frisst.
Aber Tim wollte nur noch die affen beobachten.
Sie turnten und speilten geschickt auf den Bäumen.
Dann dufte er sie mit ein paar gelben Bananen füttern.
Vater kaufte den Kindern schließlich ein Potser mit Zootieren.

4. In jeder Reihe ist ein Fehler. Male über das Wort mit dem Fehler einen roten Klecks. Berichtige das Wort. Schreibe den Text richtig in dein Heft. Unterstreiche die Wiewörter.

1. Wir spielen

Seite 3 ▶ Nr. 1 ▶ Bauklötze, Kasperpuppen, Springseil, Federball, Papierflieger, Eisenbahn, Teddybär

2. Wer ist dort?

Seite 5 ▶ Nr. 2 ▶ Zwei Silben: Apfel – Äpfel, Löwe – Löwen, Gabel – Gabeln, Esel – Esel, Leiter – Leitern
Drei Silben: Banane – Bananen, Telefon – Telefone, Tomate – Tomaten, Laterne – Laternen, Elefant – Elefanten

Seite 6 ▶ Nr. 1 ▶ Zwei Silben: Feder, Paket, Kamel, Schere, Geige, Besen, Katze, Kuchen
Drei Silben: Lineal, Rakete, Zitrone, Papagei, Nikolaus, Fernseher, Giraffe, Krokodil

Seite 7 ▶ Nr. 2 ▶ das Messer – die Messer, der Schmetterling – die Schmetterlinge, die Katze – die Katzen, das Schwein – die Schweine, die Raupe – die Raupen

3. Kamils Einladung

Seite 8 ▶ Nr. 6 ▶ Gras, Käfer, Gabel, Katze, Glas, Kopf, Geld, Korb, Kuh

Seite 11 ▶ Nr. 1 ▶ fragen, schenken, liegen, blinken, fliegen, danken, fangen, winken

4. Der bunte Drachen

Seite 12 ▶ Nr. 3 ▶ Drachen, Telefon, Torte, Dach, Turm, Dose, Tasse, Delfin, Tasche, Tisch, Deckel, Daumen

Seite 15 ▶ Nr. 1 ▶ senden, reden, warten, arbeiten, baden, brüten

5. Das Postauto

Seite 16 ▶ Nr. 3 ▶ Puppe, Ball, Papagei, Paket, Brief, Baum, Pilz, Pinsel

Seite 17 ▶ Nr. 3 ▶ die Schwalbe, die Taube, die Farbe, die Traube, der Knabe, die Schraube, der Nebel, der Säbel, die Kurbel, die Gabel, der Schnabel, die Zwiebel

Seite 18 ▶ Nr. 2 ▶ Nummerierung der Sätze: 4, 1, 3, 5, 2

6. A-B-C-Gedicht

Seite 20 ▶ Nr. 2 ▶ Affe, Bär, Esel, Fisch, Giraffe, Hase, Igel, Käfer, Nashorn, Schwein, Tiger, Zebra

Seite 21 ▶ Nr. 1 ▶ Apfel, Birne, Dattel, Erbse, Fenchel, Gurke, Kirsche, Mango, Nuss, Olive, Pflaume, Quitte, Rettich, Salat, Tomate, Walnuss, Zitrone

▶ Nr. 3 ▶ Angel, Ball, Dach, Engel, Haus, Koffer, Maus, Perle, Radio, Saft, Tafel, Wagen

Seite 22 ▶ Nr. 1 ▶ Barbara – Bernd – Bruno, Daniel – Dieter – Doris, Elsa – Emil – Erich, Ferdinand – Fine – Franziska, Max – Melanie – Monika, Ralf – Rita – Rosi, Ulrich – Uta – Uwe

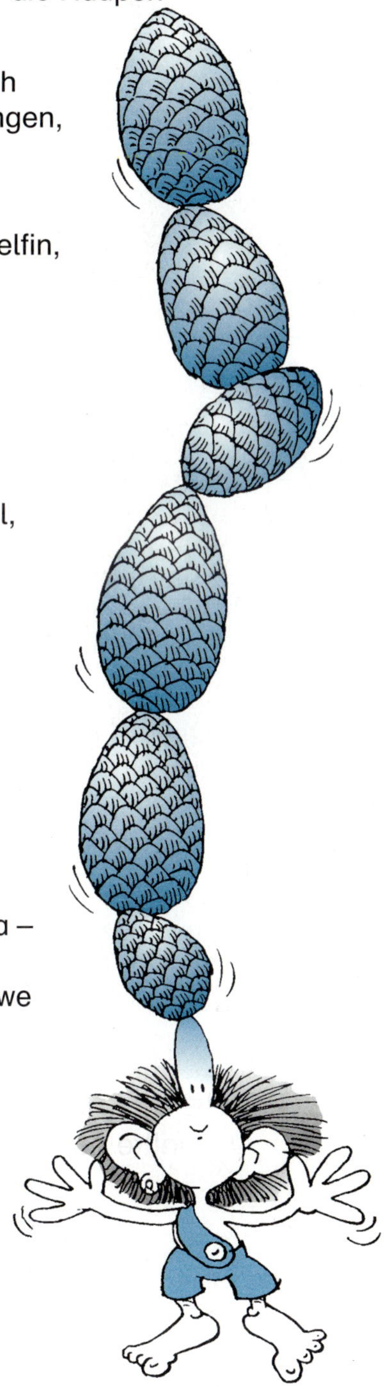

7. A, a, a, der Winter, der ist da

Seite 24 ▶ Nr. 3 ▶ Beispiel: Anke – Armin, Emma – Erich, Iris – Ingo, Ottilie – Otto, Ulrike – Uwe

Seite 25 ▶ Nr. 1 ▶ **A**nna – **A**gnes – **A**li, **E**mil – **E**lsa – **E**ric, **I**ris – **I**nga – **I**lse, **O**tto – **O**laf – **O**rtrud, **U**ta – **U**we – **U**lrike

Seite 27 ▶ Nr. 1 ▶ Bach – Buch, Wand – Wind, Blase – Bluse, Schale – Schule, Mond – Mund, Hase – Hose

▶ Nr. 2 ▶ Nadel – Pudel, Vater – Meter

▶ Nr. 3 ▶ Es ist k**a**lt geworden. Der Fr**o**st m**a**lt Bl**u**men an die F**e**nsterscheiben.

Der Winter bringt Eis und Schnee. Die Kinder holen den Schlitten aus dem Keller. Sie rodeln den Berg hinab. Sie rufen: „Juchhu!“

8. Im Park

Seite 28 ▶ Nr. 2 ▶ Namenwörter: Anke, Felix, Oma, Park, Oma, Bank, Korb, Brotkrumen, Anke, Felix, Schwäne, Teich, Händen, Brotkrumen, Wasser, Schwäne, Ufer, Felix, Schwäne, Hals, Anke, Hochwasser

▶ Nr. 4 ▶ Brotkrume – Brotkrumen, Hals – Hälse, Park – Parks, Bank – Bänke, Oma – Omas, Schwan – Schwäne, Korb – Körbe, Hand – Hände

Seite 29 ▶ Nr. 1 ▶ Schwäne, Gärten, Bälle, Hände, Bücher, Füße, Vögel, Dörfer, Körbe, Wörter, Würmer, Türme

▶ Nr. 2 ▶ Bänke, Räder, Dächer, Äste, Mütter, Büsche, Tücher, Grüße, Köpfe, Köche, Löcher, Töchter

▶ Nr. 3 ▶ Ball – Bällchen, Bach – Bächlein, Turm – Türmchen, Topf – Töpfchen, Loch – Löchlein, Tochter – Töchterlein

9. Eingebrochen

Seite 31 ▶ Nr. 2 ▶ regnen – regnet, bilden – bildet, wachsen – wächst, entstehen – entsteht, frieren – friert, bekommen – bekommt, schliddern – schliddert, krachen – kracht, brechen – bricht, stehen – steht, füllen – füllt, laufen – läuft

Seite 32 ▶ Nr. 2 ▶ Das Kind rennt. Das Kind schreibt ins Heft. Das Kind weint. Das Kind trinkt Milch. Das Kind spielt Flöte. Das Kind turnt an Ringen. Das Kind singt. Das Kind ruft. Das Kind baut einen Turm. Das Kind schwimmt.

Seite 33 ▶ Nr. 1 ▶ werfe, taucht, webt, sucht, kauft, glaubt

▶ Nr. 2 ▶ spiele – spielt – spielen, fliege – fliegt – fliegen, renne – rennt – rennen, weine – weint – weinen, träume – träumt – träumen

10. Ein Traumgarten

Seite 36 ▶ Nr. 3 ▶ Eule, Raupe, Bein, Auto

Seite 37 ▶ Nr. 1 ▶ baut, schauen, freuen, verreist, schneit, streut, schreibt, staunt

11. Das Schaukellied

Seite 39 ▶ Nr. 3 ▶ schleicht, kriecht, dichtet, raucht, taucht, reicht, locht, kocht, kracht, lacht

12. Katze und Maus

Seite 42 ▶ Nr. 1 ▶ Frau – Fräulein, Haus – Häuschen, Maus – Mäuslein, Baum – Bäumchen, Zaun – Zäunchen, Bauch – Bäuchlein, Kraut – Kräutchen, Faust – Fäustchen, Haut – Häutchen

▶ Nr. 3 ▶ räumt, träumt, läutet, schäumt

13. Geburtstag

Seite 46 ▶ Nr. 2 ▶ Geburtstag, steht, früh, auf, Geschenke, möchte, Spielesammlung, gehört, Stapelmännchen, hatte, gleich, kommen, alle, bringt, Geschenk, machen, Spiele, Abend, steigt, Bett

14. Am Vogelhaus

Seite 48 ▶ Nr. 3 ▶ Vogel, Vater, Volk, Vieh, Vetter, Veilchen

Seite 49 ▶ Nr. 2 ▶ verschreiben, versuchen, verlaufen, verfahren, vertragen, verschieben, verrechnen, verrutschen

▶ Nr. 3 ▶ Vera, Violine, Vase, Valentin, Vulkan, Villa

▶ Nr. 4 ▶ Reihenfolge der Sätze: 5, 2, 4, 3, 1

15. Traktor-Geknatter

Seite 51 ▶ Nr. 3 ▶ rennen – kennen, bellen – stellen, stimmen – schwimmen, essen – fressen, wollen – rollen, fallen – knallen, schütteln – rütteln, knattern – rattern

Seite 52 ▶ Nr. 1 ▶ die Brille – die Brillen, der Koffer – die Koffer, der Löffel – die Löffel, das Messer – die Messer, die Puppe – die Puppen, die Qualle – die Quallen, der Roller – die Roller, der Schlitten – die Schlitten, der Schlüssel – die Schlüssel, die Sonne – die Sonnen, die Tasse – die Tassen, der Teller – die Teller, die Wolle – die Wollen

▶ Nr. 2 ▶ Mutter – Butter, Tanne – Wanne, Schüssel – Rüssel, Teller – Keller, Lippe – Wippe, Giraffe – Affe, Schimmel – Himmel, Zigarre – Gitarre

Seite 53 ▶ Nr. 1 ▶ stellt, kommt, bittet, vergessen, schwimmt, rollt, bellt, schellt

16. Mit einer Blumenzwiebel

Seite 54 ▶ Nr. 5 ▶ Biene, Fliege, Wiege, Brief, Ziege, Zwiebel, Sieb, Spiel

▶ Nr. 6 ▶ Pizza, Insel, Pilz, Kiste, Pinsel, Spinne

Seite 55 ▶ Nr. 1 ▶ Ziege – Wiege, Riese – Wiese, Spiegel – Riegel, Tier – vier, sieben – lieben, liegen – fliegen, Brief – schief

▶ Nr. 4 ▶ Igel, Bibel, Biber, Tiger, wir, dir, mir

Seite 56 ▶ Nr. 1 ▶ Kinder **ihrer** Klasse, zu **ihrem** Sommerfest, Garten **ihrer** Eltern, ruft **ihre** Lehrerin, zu **ihrem** Fest, … sagt **ihr**, was sie **ihr** schenken, fragen sie **ihre** Lehrerin, sie verspricht **ihnen** darüber nachzudenken

▶ Nr. 3 ▶ auch **ihren** Freund, hat **ihn** lange nicht gesehen, hat **ihr** ein Bild gemalt, das er **ihr** nun schenkt, Laura dankt **ihm** herzlich, sie zeigt das Bild **ihrem** Vater und **ihrer** Mutter, zeigt sie **ihren** Eltern, das Bild **ihres** Freundes

17. Die Riesenschildkröte

Seite 57 ▶ Nr. 2 ▶ fahren, Autofahrer, Fahrbahn, erfahren

Seite 59 ▶ Nr. 2 ▶ Es war an einem Montagmorgen in Berlin.
Da brach auf einer Hauptstraße der Verkehr zusammen.
Kein Auto konnte fahren.
Die Autofahrer hörten den Verkehrsfunk.
Der Grund für den Stau war eine riesengroße Schildkröte.
Sie hockte regungslos mitten auf der Fahrbahn.
Sie dachte nicht daran sich fortzubewegen.

18. Im Zoo

Seite 61 ▶ Nr. 2 ▶ Das Moos ist **grün**. Das Moos ist **weich**.
Das Haar ist **blond**. Das Haar ist **lockig**.
Das Moor ist **sumpfig**. Das Moor ist **schlammig**.
Der Saal ist **geschmückt**. Der Saal ist **leer**.
Das Segelboot ist **seetüchtig**. Das Ruderboot ist **kaputt**.

▶ Nr. 3 ▶ Wir sammeln das **weiche (grüne)** Moos für unser Osternest.
Meine Schwester bürstet sich ihr **blondes (lockiges)** Haar.
Durch das **schlammige (sumpfige)** Moor werden Entwässerungsgräben gezogen.
In dem **leeren (geschmückten)** Saal soll das Erntedankfest gefeiert werden.
Auf der Uferböschung liegt ein **kaputtes** Ruderboot.

Seite 62 ▶ Nr. 1 ▶ See, Meer, Beet, Fee, Schnee, Speer, Beere, Teer, Klee, Tee

▶ Nr. 2 und 3 ▶ Mutter kocht aus Lindenblüten einen **köstlichen Tee**.
Der **grüne Klee** ist eine Futterpflanze für das Vieh.
Die Kinder tollen in dem **herrlichen, weichen Schnee** umher.
Diesmal wächst an unserem Himbeerbusch nicht eine **winzige Beere**.
Laura will auf ihr **kleines Beet** Erdbeerpflanzen setzen.

▶ Nr.4 ▶ 1. Reihe: kleiner, 2. Reihe: fütterte, 3. Reihe: Käfig, 4. Reihe: großen, 5. Reihe: Affen, 6. Reihe: spielten, 7. Reihe: durfte, 8. Reihe: Poster

Der Grundwortschatz umfasst ungefähr 700 Wörter.
Er ist in diesem Arbeitsheft für die ersten beiden Jahrgänge zusammengestellt.
Ihr könnt mit diesen Wörtern schon viele Sätze bilden.
Wenn ihr diese Wörter richtig schreiben lernt, habt ihr in eurem Schuljahr sicherlich Erfolg.

Grundwortschatz für die Jahrgangsstufen 1 und 2

A

ab
Abend, Abende
aber
acht
Affe, Affen
alle, alles
als
also
alt, älter
am
Ampel
an
antworten
Apfel, Äpfel
April
arbeiten
Arm
Ast, Äste
auf
Aufgabe
Auge
August
aus
Auto

B

Baby
baden
Ball, Bälle
Bank, Bänke
Bauch, Bäuche
bauen
Baum, Bäume
bei
Bein, Beine
bewegen, bewegt
bezahlen
Biene, Bienen
Bild, Bilder
bin
Birne, Birnen
bis
bist
bitten
Blatt, Blätter
blau
bleiben, bleibt
blühen, blüht
Blume, Blumen
Blüte, Blüten
Boden, Böden
böse
braun
bringen, bringt
Brot, Brötchen
Brief, Briefe
Bruder, Brüder
Buch, Bücher
bunt
Busch, Büsche

C

Cent
Christbaum
Clown
Computer

D

da
danken
dann
das
dass
dein, deine, deiner
dem
den
denken
denn
der
des
Dezember
dich
die
Dienstag
dies, diese, dieser
dir
doch
Donnerstag
Drache, Drachen
drei
du
dunkel
durch

E

Ei, Eier
ein, eine, einer
eins
Elefant, Elefanten
elf
Eltern
Ende
eng
Ente, Enten
er
Erde
es
essen, isst
euch, eure
Eule, Eulen
Euro

F

fahren, fährt
fallen, fällt
Familie
fangen, fängt
Februar
fein
Feld, Felder
Fenster
finden, findet
Finger
Fisch, Fische
fliegen, fliegt
Flügel
flüssig
fragen, fragt
Frau, Frauen
Freitag
fremd, Fremde
freuen, Freude
Freund, Freundin
frisch
Frucht, Früchte
Frühling
füllen, füllt
Füller
fünf
für
Fuß, Füße

G

Gans, Gänse
ganz, ganze, ganzer
Garten, Gärten
geben, gibt
gehen, geht
gelb, gelbe
Geld, Gelder
Gemüse
Gesicht, Gesichter
gestern
gesund, gesunde
Giraffe, Giraffen
Gras, Gräser
groß, größer
grün
gut

H

Haar
haben, hat
Hals, Hälse
halten, hält
Hand, Hände
hart, härter
Hase, Hasen
Haus, Häuser
Haut, Häute
Hecke, Hecken
her
heiß
heißen
helfen, hilft
hell
Hemd, Hemden
Herbst
Herr, Herren
heute
Hexe
hier
Hilfe
Himmel
hin
hinter
hören
Hose, Hosen
Hund, Hunde
hundert

I

ich
Igel
ihm
ihn, ihnen
ihr, ihre
im
immer
in
ins
ist

J

ja
Jahr, Jahre
Januar
jede, jeder, jedes
Juli
Junge, Jungen
Juni

K

Käfer
Kalender
kalt, Kälte
Katze, Katzen
kaufen, kauft
kein, keine, keiner
Kind, Kinder
Klasse, Klassen
Kleid, Kleider
klein
kommen, kommt
können, kann
Kopf, Köpfe
Körper
krank
Kraut, Kräuter
Kuh, Kühe

L

laufen, läuft
laut
leben, lebt
legen, legt
leicht
leise
lernen, lernt
lesen, liest
Leute
Lexikon
Licht, Lichter
lieb, lieben
liegen, liegt
Löwe, Löwen

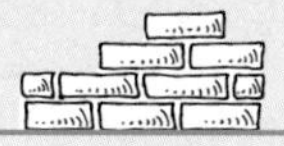

M

machen
Mädchen
Mai
malen, malt
man
Mann, Männer
März
Mauer, Mauern
Maus, Mäuse
mein, meine, meiner
mich
Minute, Minuten
mir
mit
Mittwoch
Monat, Monate
Montag
morgen
Mund, Münder
müssen, muss
Mutter, Mütter

N

nach
Nacht, Nächte
Name, Namen
Nase, Nasen
Nebel
nehmen, nimmt
nein
neu
neun
nicht
nichts
nie
Nilpferd
November
nun
nur

O

ob
Obst
oder
oft
Ohr, Ohren
Oktober
Onkel
Osterhase
Ostern

P

Papier
Pferd, Pferde
pflanzen, pflanzt
pflegen, pflegt
Pizza
Platz, Plätze
Pommes
Puppe, Puppen

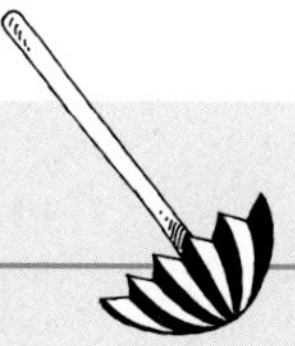

Q

Quadrat,
Quadrate
quaken
Qualle, Quallen

R

Rad, Räder
Raupe, Raupen
rechnen, rechnet
reden, redet
Regen
reich
reisen, reist
Rock, Röcke
rollen, rollt
rot
Rücken
rufen, ruft

S

Saft, Säfte
sagen, sagt
Salz
Samstag
Sand, sandig
Satz, Sätze
schauen, schaut
scheinen, scheint
Schere, Scheren
schlafen, schläft
schlagen, schlägt
Schmetterling
Schnee
schneiden, schneidet
schnell
schon
schön
schreiben, schreibt
schreien, schreit
Schuh, Schuhe
Schule, Schulen
schwarz
Schwester, Schwestern
sechs
sehen, sieht
sehr
Seife
sein, seine, seiner
seit
Sekunde, Sekunden
September

sich
sie
sieben
sind
singen, singt
sitzen, sitzt
so
Sohn, Söhne
sollen, soll
Sommer
Sonne
Sonntag
Spagetti
sparen, spart
spielen, spielt
Sport
Stängel, Stange
stehen, steht
stellen, stellt
Stift, Stifte
still
Stirn
Strauch, Sträucher
Stunde, Stunden
suchen, sucht

T

Tag, Tage
Tante, Tanten
Tasche, Taschen
Tasse, Tassen
Teddy
Tee
Telefon
Temperatur
Thermometer
Tier, Tiere
Tochter, Töchter
tragen, trägt
trinken, trinkt
turnen, turnt

U

üben, übt
über
Uhr, Uhren
um
und
uns, unser, unsere
unten
unter

V

Vase, Vasen
Vater, Väter
Verkehr
versuchen
viel
vier
Vogel, Vögel
vom
von
vor

W

Waage, Waagen
wann
warm, Wärme
warten, wartet
warum
waschen, wäscht
was
Wasser
Weg, Wege
Weihnachten
weil
weiß
weit
weiter
welche, welcher
wem
wen
wenig
wenn
wer
werden, wird
Wetter
wie
wieder
Wiese, Wiesen
Wind, Winde
Winter
wir
wo
Woche, Wochen
wohnen, wohnt
wollen, will
Wort, Wörter
wünschen, wünscht
Wurzel, Wurzeln

X

X-Beine
Xylofon
auch: Xylophon

Y

Yacht
auch: Jacht
Yak, auch: Jak
Ypsilon

Z

Zahl, Zahlen
zählen, zählt
Zahn, Zähne
Zebra, Zebras
Zehe, Zehen
zehn
zeigen, zeigt
Zeit, Zeiten
Zimmer
zu
Zucker
zum
zur
zusammen
zwei
Zwiebel, Zwiebeln
zwölf